Tom Dieck

Pottkieker

50 klassische norddeutsche Gerichte mit Geschichte

Danksagung

Unser Dank gilt Frank Jebe-Öhlerich. Als Inhaber und Koch des Landgasthofs Güby hat er für die Richtigkeit der Rezepte gesorgt und uns wertvolle Tipps bei der Auswahl der Gerichte gegeben.

Frank Jebe-Öhlerich hat sich der nordischen Küche verschrieben. Zusammen mit seiner Frau Carina serviert er seinen Gästen im Restaurant „Schlei Liesel" regelmäßig wechselnde saisonale Spezialitäten, die er aus den Produkten der Region kreiert.

Landgasthof Güby & Restaurant Schlei Liesel
Dorfstraße 2
DE-24357 Güby

www.hotel-schlei.de
info@hotel-schlei.de

Für das Titelbild bedanken wir uns beim Tourismusverband Fischland-Darß-Zingst e.V.
Am wunderschönen Strand der Halbinsel – er ist insgesamt 45 Kilometer lang – wurde das Foto aufgenommen. Urlaubsgäste, die sich für die schöne Gegend direkt an der Ostsee interessieren, wenden sich an:

Tourismusverband Fischland-Darß-Zingst e.V.
Barther Straße 16, 18324 Löbnitz
Tel.: 038324-6400, Fax: 038324-64034
E-Mail: info@tv-fdz.de · www.fischland-darss-zingst.de

Tom Dieck

Tom Dieck, geboren 1953 im schleswig-holsteinischen Elmshorn, arbeitet seit 1980 als Redakteur. Er begann seine Berufslaufbahn bei einem Fachzeitschriftenverlag, in dem er später als Chefredakteur tätig war.
Im Jahr 1993 gründete er mit seiner Frau Undine Schaper und mit Freunden den LAND & MEER Verlag, der im Jahr 2013 sein zwanzigstes Jubiläum feiert. Hier betreut er die Foodseiten mit Themen der regionalen norddeutschen Küche.
Zum Kochen kam Tom Dieck über einen Studentenjob in einer Gastwirtschaft, in der er dem Koch viele Tricks und Kniffe abschauen konnte. Heute steht er vorwiegend für die Familie und für Freunde hinter dem Herd. Seine Lieblingsgerichte kommen aus der Region. Dabei gilt sein Interesse besonders den Geschichten hinter den Gerichten. Seit Anfang 2012 betreibt er die Facebookseite „Küche der Küste".
Tom Dieck lebt in Hamburg-Altona, direkt am Ufer der Elbe.

Mehr unter: www.landundmeer.de

Tom Dieck

Pottkieker

50 klassische norddeutsche Gerichte mit Geschichte

KOEHLER

LAND&MEER

Bildnachweis

Alle Rezeptbilder LAND & MEER Verlag

Titelbild: Tourismusverband Fischland-Darß-Zingst e.V.

Wikipedia: Seite 11, 17, 21, 31, 65, 75, 85, 89, 91, 101
Fotolia.com: Seite 15, 23, 39, 41, 55, 77, 81, 87, 93
Dirk Leyen: Seite 19

Impressum

Ein Gesamtverzeichnis der lieferbaren Titel schicken wir Ihnen gerne zu.
Bitte senden Sie eine E-Mail mit Ihrer Adresse an:
vertrieb@koehler-books.de
Sie finden uns auch im Internet unter: www.koehler-books.de

Die Produkte des LAND & MEER Verlages, das Urlaubsmagazin LAND & MEER und den
Fahrradführer FAHRRAD▪WANDERN▪WALKING erhalten Sie im LAND & MEER Shop unter:
www.landundmeer.de

Bibliografische Information der Deutschen Nationalbibliothek
Die deutsche Nationalbibliothek verzeichnet diese Publikation in der Deutschen
Nationalbibliografie; detaillierte bibliografische Daten sind im Internet
über http://dnb.d-nb.de abrufbar.

ISBN 978-3-7822-1079-9
Koehlers Verlagsgesellschaft, Hamburg
© 2013 by Maximilian Verlag, Hamburg
Ein Unternehmen der Tamm Media

Lektorat: Ann-Marie Schlesier
Layout: Heinke Vogt, UVAM CONCEPT
Ausstattung und Produktion: Heinke Vogt, UVAM CONCEPT und LAND & MEER Verlag
Druck und Bindung: Reálszisztéma Dabas Druckerei AG, Ungarn

Inhaltsverzeichnis

Vorspeisen

Buttermilchsuppe mit Mettwurst 10
Labskaus 12
Roter Heringssalat 14
Kräftige Hühnersuppe 16
Lammbouillon mit Sherry 18
Buchweizengrütze 20
Heiße Pellkartoffeln auf Schwarzbrot 22

Hauptgerichte

Aal grün 26
Hamburger Pannfisch 28
Glückstädter Matjes mit Erdbeersahne 30
Maischolle Finkenwerder Art 32
Stint, gebraten 34
Helgoländer Knieper 36
Nordseekrabben mit Rührei 38
Miesmuscheln im Weißweinsud 40
Altländer Hochzeitssuppe 42
Hamburger Aalsuppe 44
Lammkeule vom Salzwiesenlamm 46
Mecklenburger Rippenbraten 48
Sauerfleisch auf holsteinische Art 50
Hamburger Rundstück warm 52
Pellkartoffeln mit Stipp 54
Birnen, Bohnen und Speck 56
Grützwurst mit Apfelmus 58
Knipp 60
Grünkohl auf holsteinische Art 62
Rübenmalheur 64
Schwarzsauer 66
Graue Erbsen 68

Hamburger Stubenküken 70
Gans auf Senatorenart 72
Apfelpfannkuchen 74
Graupen mit Backpflaumen 76
Dithmarscher Mehlbeutel 78
Birnenteig 80

Dessert

Fliederbeersuppe 84
Weinsuppe mit Eierschneeflöckchen 86
Barmbeker Bickbeerkaltschale 88
Erdbeer-Rhabarbergrütze 90
Verschleiertes Bauernmädchen 92

Getränke

Verteiler 96
Pharisäer und Eiergrog 98
Punsch 100
Ostfriesentee 102

Kuchen

Förtchen/Futjes/Brunklüten 106
Bremer Klaben 108
Friesentorte 110
Register 116

Fleisch gab es höchstens sonntags

Ob Glückstädter Matjesfest im Frühsommer oder der Start der Grünkohlsaison im Spätherbst. Wenn es wieder soweit ist, locken die Speisekarten unserer Gasthöfe mit den leckersten regionalen Spezialitäten und die Gaststuben sind voll. Die regionale Küche liegt voll im Trend, nicht nur bei uns Einheimischen, sondern erst recht bei den Urlaubsgästen. Sie prägt bei vielen das Bild einer Landschaft aus der sie stammen oder in die sie gerne reisen. Vertieft man sich allerdings in die Historie der regionalen Rezepte, dann muss man feststellen, dass es „die" regionale Küche so gar nicht gibt, denn Grütze war bei uns in Norddeutschland das Tagesgericht und Fleisch gab es höchstens sonntags.

In der Elbmarsch erzählt man sich die Geschichte vom „Mehlbüddel", dem leckeren Serviettenkloß, der mit Rosinen gespickt um ein Stück Rauchfleisch oder Mettwurstenden herum geformt wird. Er gart in einem Küchentuch über Dampf und kommt mit süßsaurer Fruchtsauce direkt auf den Tisch. Dazu wird eine große Platte mit dampfender Schweinebacke gereicht und ein Topf mit Zimt und Zucker. Früher – und die Zeit liegt noch gar nicht so lange zurück – da waren die Elbmarschen auf beiden Seiten der Niederelbe ein riesiges Obstanbaugebiet. Apfelbäume, Pflaumen- und Kirschbäume standen in dichten Reihen auf den Außendeichskoppeln von Krückau, und Pinnau, und sie waren keinesfalls nur mannshoch, so wie sie heute im Alten Land zu Tausenden erntegerecht wachsen. Damals ging es noch mit

Fots: LAND&MEER

Mehlbüddel mit Fruchtsauce, eine deftige Wintermahlzeit, selbst wenn den Arbeitern nur der Teig und die Sauce blieb.

großen Leitern in die Bäume, die durchaus mal fünf bis sechs Meter hoch ragten, mit weit ausladenden Kronen. Diese Plantagen mussten gerade im Winter in Schuss gehalten werden. Dazu kamen in der kältesten Jahreszeit, im Januar und Februar, Kolonnen von Arbeitern auf die Bauernhöfe, um den Bäumen vor dem Frühling

Obstbäume ausschneiden im Winter – nach der Arbeit gab es Mehlbüddel

Die alten Obstbäume waren groß, mit weit-ausladenden Kronen und mussten von hohen Leitern aus bearbeitet werden.

den richtigen Schnitt zu verpassen. Diese Menschen arbeiteten schwer in der Winterkälte und mussten entsprechend von den Bauern verköstigt werden.

Gerne wurde dann „Mehlbüddel" serviert, ein schweres, sättigendes Gericht, das durch eine Füllung aus Rauchfleisch so richtig schön dessen Geschmack angenommen hatte. Nur auf den Tellern der Arbeiter soll es eher selten zu finden gewesen sein. Für sie blieb der rauchig schmeckende Mehlpudding mit der Fruchtsauce, während die

Die Reichen orientierten sich lieber an der französischen Küche

Die modernen Apfelbäume sind klein und tragen üppig. Schon nach 15 Jahren werden sie gerodet, weil der Ertrag nachlässt.

Herrschaft sich am Fleisch gütlich tat. Selbst wenn die oft erzählte Geschichte vielleicht ein bisschen übertrieben ist, so hat sie doch einen wahren Kern.

Das, was wir heute gern als regionales Gericht auf der Karte finden, das österliche Salzwiesenlamm oder der winterliche Grünkohl mit Backe, Wurst und Kassler, gehörte keineswegs zum täglichen Mittagstisch der Landbevölkerung in unserem Landstrich.

Dort waren eher einfache Mehlspeisen an der Tagesordnung. So schreibt Jutta Kürtz in der „Kleinen Kulturgeschichte des Essens und Trinkens in Schleswig-Holstein": „Wichtiger und preisgünstiger Bestandteil einer schleswig-holsteinischen Mahlzeit des einfachen Volkes war im 19. Jahrhundert die Grütze in unterschiedlichen Varianten. Sie wurde süß, herzhaft, fest, flüssig, warm oder kalt, als Hauptgericht oder Nachspeise gegessen und konnte aus Gerste, Roggen, Weizen, Buchweizen, Hafer oder Graupen gekocht werden.

Und die Leibspeise der Norddeutschen war der „Pannkoken", den es vor allem sonntags gab." Nicht umsonst kennen wir die Redewendung „den Löffel abgeben", die heutzutage etwas derb den Tod eines Menschen umschreibt.

Eigentlich ist es aber ein Hinweis auf die Essgewohnheit der einfachen Menschen zwischen dem Mittelalter und dem 19. Jahrhundert, als ein Topf Grütze auf dem Tisch die Hauptmahlzeit darstellte, die man selbstverständlich mit dem einfachen Löffel aß.

Der Adel und die wohlhabenden Bürger orientierten sich eher an der französischen Küche, die man natürlich mit Messer und Gabel zu sich nahm.

Viele unserer regionalen Gerichte, die wir heute auf der Karte haben, sind also bei den Armen so gut wie gar nicht und bei den Reichen eher als Festtagsschmaus auf den Tisch gekommen. Und genauso sollten wir sie auch genießen, als etwas ganz Besonderes, auf das wir uns freuen können und das keineswegs alltäglich ist.

Einfach nordisch un

Einfache Gerichte und köstlicher Geschmack in großer V

gesund!

t!

Sie sind einfach und schnörkellos. Die Vorspeisen der norddeutschen Küche haben ihren ganz eigenen Stil und sind recht gehaltvoll. Früher wurden sie in großen Portionen als Hauptgang serviert. Heute geben sie einen guten Vorgeschmack auf das folgende Menü.

Die Säure der Buttermilch wird durch die Milch und das Puddingpulver etwas gemildert und erhält durch die Zitronenschale eine fruchtige Note.

Täglich frisch auf den Tisch

Buttermilch ist ein Nebenprodukt der Butterherstellung.
Die saure, milchähnliche Flüssigkeit stand spätestens ab dem
16. Jahrhundert in ganz Norddeutschland täglich auf dem Tisch.

Adam von Bremen, einer der bekanntesten Historiker des Mittelalters weiß über das heutige nördliche Schleswig-Holstein zu berichten, dass „ein Eichhörnchen ohne den Boden zu berühren bis zur Landesgrenze von Baum zu Baum hüpfen konnte".
Damals war die gesamte jütländische Halbinsel grün und dicht bewaldet. Doch Schiffbau, Deichbau und vor allem die Umstellung von Ochsenmast auf Milchwirtschaft änderten das Aussehen der Landschaft dramatisch. Besonders die Klimaveränderung während der kleinen Eiszeit ab dem 15. Jahrhundert machte den Menschen an der Küste mit schweren Sturmfluten ordentlich zu schaffen. Um in den Küstenregionen leben zu können, musste der Deichbau völlig neu organisiert werden. Niederländische Siedler mit

Die Milchwirtschaft veränderte das Aussehen der Landschaft

ihrem großen Wissen über den Kampf gegen das Meer wurden mit dem Versprechen von Steuer- und Religionsfreiheit nach Norden gelockt. Sie schafften es, das Land wieder bewohnbar zu machen und schufen große Flächen von Weideland, so dass man langsam von der reinen Ochsenmast der Vorfahren auf die lukrative

Überall entstanden kleine Holländereien, in denen die Milch verarbeitet wurde

Milchwirtschaft umsteigen konnte. Überall im Land entstanden „Holländereien", kleine Molkereien, in denen aus der gesammelten Milch, Butter und Käse erzeugt wurde. Die Bauern kamen dadurch zu derartigem Wohlstand, dass ihnen nachgesagt wurde, sie äßen mit goldenem Besteck von goldenen Tellern.

Von der Halbinsel Eiderstedt exportierte man über Tönning in manchen Jahren des 17. Jahrhunderts bis zu drei Millionen Pfund Käse. Ein guter Teil davon ging per Küstenschiff in die Niederlande.

Bei der Produktion der Butter blieb die säuerliche Buttermilch in so großen Mengen über, dass sie bald auf den Höfen täglich auf den Tisch kam. Im Sommer als erfrischendes Getränk, aber auch gern als Suppe. Heute ist Buttermilchsuppe mit Mettwurst ein Gericht, dass zwar nicht mehr täglich gegessen wird, aber mit seinem säuerlichen Geschmack und den kleinen Mettwurststücken darin allemal einen schönen Menüauftakt bildet.

Die erfrischend säuerliche Buttermilch entsteht beim Herstellen der Butter.

Buttermilchsuppe mit Mettwurst

Wie sie in der Probstei serviert wird

Zutaten (für vier Personen)

1 Liter Buttermilch
250 ml Milch
1 EL Mehl
2 EL Vanillepuddingpulver
geriebene Zitronenschale
Prise Salz
1 richtig dicke Scheibe
Mettwurst pro Person

Zubereitung:

Alle Zutaten verrühren, bis auf die Wurst. Das Mehl verhindert, dass die Buttermilch gerinnt. Langsam zum Kochen bringen. Die Mettwurst in kleine Würfel schneiden und dazu geben. Gut dazu passen auch klein geschnittene Würfel von geröstetem Schwarzbrot und einige Dörrpflaumen oder Birnenstücke und Grießklöße.

Labskaus, ist das klassische Seemannsgericht aus dem goßen Topf. Heute wird es moderner serviert, aber immer mit Spiegelei, Hering und Roter Bete.

Aus dem großen Topf

Labskaus ist ein klassisches Seemannsgericht. Alle Zutaten sind lange halt-bar und haben den Vorteil, dass sie zusammen in einem großen Topf gekocht einen leckeren, für manche Augen allerdings gewöhnungsbedürf-tigen Brei ergeben. Labskaus wie es heute gegessen wird, wäre an Bord der alten Windjammer wohl eher am Seemannssonntag serviert worden.

Donnerstag ist Seemannssonntag. Bis in die heutige Zeit ist das der Tag der Woche, an dem die Mann-schaft ein schmackhaf-teres Essen, den „vollen Schlag" bekommt. Woher diese Tradition des Seemannssonntags kommt, ist bis heute nicht so ganz geklärt. Wahrscheinlich ist es ein

Seemannssonntag – eine Tradition die bis aufs frühe Mittelalter zurückgeht

uraltes Brauchtum, das bis in das frühe Mittelalter zurückgeht. Die christlichen Missio-nare lagen bei ihrer religiösen Tätigkeit in har-ter Konkurrenz mit den Priestern des Gottes Donar oder Thor, und des-halb gaben sie klugerweise dem Donnerstag, dem Thorsdag der Skandinavier, eine besondere Weihe. Was der „volle Schlag" auch immer bedeutet. Bei den großen Besatzungen der Rahsegler, die im 18. Jahrhundert durchaus mit 1.000 Mann Besatzung durch die Weltmeere pflügten, kam das Essen für die Män-ner, die „vor dem Mast fuhren" jedenfalls aus einem großen Kessel und war damit ein mehr oder weniger schmackhafter Eintopf. „Man muss das Gute mit dem Schlechten essen", war damals die Devise an Bord. So wurde verdorbenes Brot eben auch mal in den Brei aus dem großen Kessel gestippt.

Da die Lagerung der Lebensmittel in der feuchten, stickigen Luft unter Deck sehr schwierig war, kamen große Mengen von Pökelfleisch und gesalzenem Fisch an Bord

Die Eier fürs Labskaus lieferten die bordeigenen Hühner

und gehörten damit zum täglichen Einerlei. Im Jahre 1706 taucht der Begriff „Labskaus" im Englischen erstmals auf, ist aber auch im norwegischen und in den baltischen Sprachen ein bekannter Ausdruck.

Vielleicht sollten wir uns an die baltische Version halten, die heißt nämlich übersetzt „gute Schüssel". Da Pökelfleisch heute nur schwer zu bekommen ist, wird stattdessen gerne Corned Beef aus der Dose genommen.

Dass Labskaus traditionsgemäß mit einem Spiegelei serviert wird, lässt sich dadurch erklären, dass an Bord der Windjammer immer lebende Hühner gehalten wurden, die für die Besatzung Eier legen mussten, bevor man sie schlachtete und zubereitete.

Labskaus

Für den Seemannssonntag

Zutaten (für vier Personen)
500 g Corned Beef
4 Zwiebeln
1–2 Lorbeerblätter
2 Gewürznelken
750 g mehlig kochende Kartoffeln
2 TL Gemüsebrühe
2 EL Schmalz
gekochte Rote Bete
Salzgurken
saure Heringe
4 Eier

Zubereitung:
Zwiebel würfeln und anbraten. Corned Beef ebenfalls in Würfel schneiden, zu den Zwiebeln geben und mit braten. Kartoffeln mit Wasser, Salz, Brühe zusammen mit dem Lorbeer und den Nelken kochen. Die Gewürze in einem großen Papier-Teebeutel mitkochen. So lassen sie sich, wenn die Kartoffeln gar sind, einfach entsorgen. Die Kartoffeln abgießen, aber die Brühe auffangen. Die Kartoffeln stampfen und das Corned Beef mit den Zwiebeln und einer Roten

Bete pürieren. Den Brei dann unter die gestampften Kartoffeln unterrühren. Wird das Ganze zu fest, gibt man etwas von der Kartoffelbrühe hinzu. Während das Labskaus warm steht, werden die Spiegeleier gebraten.

Anrichten:
Das Labskaus wird mit dem Spiegelei getoppt. Als Garnierung gibt es einige Scheiben Salzgurke und einige Scheiben Rote Bete sowie einen sauren Hering.

Heringssalat gilt als Glücksbringer und wird im Norden gerne zu den Festtagen im Winter serviert.

Foto: LAND&MEER, Fotolia.com

Der Glücksbringer

Heringssalat ist bei uns im Norden als Weihnachts- oder Silvesteressen nicht wegzudenken, gelten doch die silbrigen Heringe als Glücksbringer. Überdies ist so ein Salat in den turbulenten Festtagen einfach herzustellen, selbst wenn viele Gäste erwartet werden.

Es heißt: „Tu einige Silberschuppen eines Herings in deine Börse und dir wird im nächsten Jahr das Geld nicht ausgehen". Ob der Wunsch nach einem stets gut gefüllten Portemonnaie zur norddeutschen Heringssalat-Tradition geführt hat, ist nicht sicher überliefert. Trotzdem gehört der rote, leckere Fisch-

Heringssalat ist bis heute ein norddeutsches Festessen

salat um die Weihnachts- und Silvesterzeit in den norddeutschen Haushalten auf den Tisch. Es gibt kaum eine Familie, die nicht ein Geheimrezept von einer Generation zur anderen weitergibt. Schon im Elternhaus des Dichters Theodor Storm wartete man am Heiligenabend ungeduldig auf die Ankunft der Großmutter, denn die brachte den leckeren Salat mit, über den man sich, so wird überliefert, mit großem Hallo unverzüglich her machte. Bei den vielen Geheimnissen um das Rezept ist allen Varianten gleich, dass sie aus sieben Zutaten bestehen müssen, wenn sie ein Glücksbringer sein sollen. Zum Grundrezept jedes norddeutschen Heringssalats gehören: Heringe, Rote Bete, Zwiebeln, Bratenreste vom Rind, Gurken, Äpfel und hartgekochte Eier. Entscheidend ist dann am Ende, ob der Salat klassisch mit Essig und Öl oder mit Mayonnaise angemacht wird. Ob die Kom-

Der glücksbringende Salat ist an der ganzen Küste bekannt

bination von Hering und Rindfleisch nun typisch norddeutsch ist oder der ostpreußischen Küche entspringt, weiß man nicht. Die Rote Bete allerdings scheint aus der russischen oder der baltischen Küche zu stammen. Auch bei den Heringen war man nicht wählerisch, so gibt es Rezepte, die gut gewässerte Salzheringe empfehlen, während in Hamburg auch gerne Matjesfilets genommen wurden. Als Beilage empfehlen sich Bratkartoffeln oder auch deftiges Schwarzbrot mit Butter. Sicher ist aber, dass ein herbes Bier und ein Klarer nicht fehlen dürfen, wenn der Glücksbringer seine Wirkung entfalten soll.

Roter Heringssalat

Wie er in Hamburg serviert wird

Zutaten (für vier Personen)

10 Matjesfilets, möglichst leicht gesalzen, vom Fischhändler. Nicht die in Öl eingelegten. Hart gesalzene Matjes müssen vor der Zubereitung gewässert werden.
200 g Rote Bete aus dem Glas
2 Zwiebeln
1 großer aromatischer Apfel, z. B. Cox Orange oder Boskoop
200 g Rinderbraten oder Bratenaufschnitt
2 große Gewürzgurken
2 hartgekochte Eier
2 EL Kapern
frischer Dill
Rotweinessig und Öl

Zubereitung:

Die Matjesfilets abtupfen und in kleine Stücke schneiden. Rote Bete, Zwiebeln, Gewürzgurken, Eier und den Apfel würfeln, das Rindfleisch in kleine Scheiben schneiden.
Mit Essig, Öl, Zucker oder Honig, Salz und Pfeffer eine Vinaigrette aufschlagen.

Die gewürfelten Zutaten darunterheben, die Kapern nicht vergessen. Den Salat anschließend über einige Stunden ziehen lassen, dabei immer wieder einmal durchmischen. Zum Schluss die Eier kurz mit untermischen. Den Salat mit Dill garnieren.

Hühnersuppe wärmt von innen und stoppt jede Erkältung. Das wusste schon meine Oma. Dass sie auch gegen Liebesleid hilft, hat man jetzt herausgefunden.

Lecker und heilsam zugleich

Zugegeben, Hühnersuppe ist kein reiner norddeutscher Klassiker, sie ist aber trotzdem aus unserer Küche nicht wegzudenken, denn wenn der Regen wieder einmal waagerecht über die Deiche fegt, die Füße kalt sind und man sich auch sonst nicht so richtig „auf dem Damm" fühlt, dann ist die Hühnersuppe meiner Oma genau das richtige Heilmittel.

Sie ist heiß, dampft und leuchtet goldgelb. Aus ihr recken sich ein paar orangerote Karottenstücke heraus, und das weiße Hühnerfleisch macht uns Appetit. Omas Hühnersuppe war für uns Kinder immer der Rettungsanker, wenn wir uns schlecht fühlten, wenn die Nase tropfte und die Grippe nahte. Und Oma hatte Recht. Was sie damals

Hühnersuppe – Omas Hausmittel ist jetzt wissenschaftlich erforscht

ganz selbstverständlich als bestes Heilmittel auftischte, war schon den alten Ägyptern bekannt und ist jetzt auch von amerikanischen Forschern eingehend untersucht worden. An der Universität Nebraska hat man sich ihrer angenommen und herausgefunden, dass Omas Hühnersuppe Entzündungsprozesse in Nase und Hals einzudämmen hilft. Durch den Verzehr von Hühnersuppe wird der Transport der weißen Blutkörperchen reduziert. Das liegt am Eiweißstoff Cystein, der bei sanfter Garung freigesetzt wird. Er wirkt zusammen mit dem Zink, das ebenfalls in der Brühe enthalten ist, entzündungshemmend.

Denn weil die Suppe so lecker duftet, hält man gerne die Nase darüber. Der heiße Dampf hilft den Schleimhäuten in Mund und Nase ebenfalls.

Aber ein richtiges Suppenhuhn muss es sein, dass in den Topf wandert. Am besten man kauft es beim Schlachter oder im Geflügelhandel. Einen großen Topf braucht man auch, denn die Tiere sind nicht so klein, wie die klassischen Brathähnchen. Suppenhühner sind meist Legehennen, die deutlich größer und schwerer geworden sind als ihre männlichen Artgenossen.

Hühnersuppe ist ein einfaches Rezept, nur sollte man darauf achten, dass das Huhn ganz langsam gegart wird, damit es seine heilenden Wirkstoffe freisetzen kann. Wenn die Suppe dann erst dampfend auf dem Tisch steht, verzieht sich nicht nur die Grippe schnell, sondern auch das Liebesleid, wie Psychologen an der Universität Toronto in einer wissenschaftlichen Studie herausgefunden haben wollen.

Langsam garen ist wichtig, damit die Hühnersuppe ihre Wirkung entfalten kann

Kräftige Hühnersuppe

Von meiner Oma

Zutaten (für vier Personen)

1 Suppenhuhn
1 Bund Suppengemüse
1 Zwiebel
2 Lorbeerblätter
1 TL Liebstöckel
1 Bund Petersilie
Salz und Pfeffer

Als Einlage Reis oder Kartoffeln oder beides

Zubereitung:

Das gut gewaschene Huhn mit einem Teelöffel Salz in einen großen Suppentopf geben und mit kaltem Wasser bedecken. Die ebenfalls gut gewaschenen Innereien, Herz, Hals und Magen, mit dazugeben. Mit geschlossenem Deckel zum Kochen bringen. Den Schaum mehrfach abschöpfen.

Lorbeerblätter, Liebstöckel und die gehälftete Zwiebel dazugeben. Das Ganze ca. 1,5 Stunden leise köcheln, bis sich das Fleisch gut vom Knochen lösen lässt. In der Zwischenzeit das Suppengemüse putzen, klein schneiden und nach ungefähr 50 Minuten dazugeben.

Reis und/oder Kartoffeln kochen und warm stellen. Nach einer Garprobe das Huhn und die Innereien mit einer Fleischgabel aus der Suppe nehmen. Sie haben ihre Geschmackstoffe und ihr Fett an die Suppe abgegeben. Wer das Fleisch in die Suppe geben möchte, entfernt jetzt die Haut und löst das Fleisch von den Knochen. Die schönsten Stücke in kleine Würfel schneiden und wieder in die Suppe zurückgeben.

Die Suppe abschmecken – bei uns durfte damals ein Schuss Maggi nicht fehlen. Zum Schluss mit der gehackten Petersilie bestreuen.

Ein Sherry rundet den Geschmack ab. Die klare Lammbouillon ist ein idealer Starter für ein Lammgericht als Hauptgang.

Schmeckt wie frische Seeluft

Schafe und Lämmer gehören zu unseren Küstengebieten wie die Deiche und der stete Westwind. Vom Beginn des Frühjahrs bis zum Einsetzen der Herbststürme bevölkern die wolligen Tiere unsere Außendeiche und leisten nicht nur einen Beitrag zum Küstenschutz, sondern liefern neben Wolle und Milch auch leckeres Fleisch – zum Beispiel für Lammbouillon.

Wenn im Frühjahr die Mutterschafe mit ihren frisch geborenen Lämmern aus den Ställen auf die Vordeichswiesen umziehen, dann dreht sich in ganz Nordfriesland alles um das Schaf. Schon seit knapp zwanzig Jahren feiert man die Ankunft der Jungtiere mit einem großen Fest.

Über 100.000 Schafe grasen auf den Deichen in Nordfriesland

Es sind die „Nordfriesischen Lammtage". Neben der Wahl der Lammkönigin stehen eine ganze Anzahl von Veranstaltungen auf dem Programm, die den vielen Urlaubern die Vielfalt der Schafzucht näher bringen sollen. Über 100.000 Muttertiere mit jeweils ein bis zwei Lämmern grasen im

Schafe halten das Gras auf den Deichen kurz und treten den Marschboden fest.

Sommer auf den Deichen. Sie haben den „goldenen Biss und Tritt", wie es an der Küste heißt. Mit ihrem unstillbaren Appetit halten sie das Gras auf den Deichen kurz und treten mit ihren Hufen das Marschland fest. Das stabilisiert die Deiche, damit sie im Herbst und Winter den Sturmfluten standhalten können. Die salzige Nordseeluft und die aromatischen Gräser machen das Lammfleisch zart und schmackhaft und damit für viele Feinschmecker zur absoluten Delikatesse. Kein Wunder, dass das nordfriesische Lammfleisch sogar für Gourmet-Restaurants nach Frankreich exportiert wird. Aber auch in den Gasthöfen der Region steht in der Sommerzeit überall Lamm auf der Karte.

Auf Nordstrand serviert man als Vorspeise vor dem klassischen Lammbraten eine spezielle Lammbouillon mit Sherry, die sich auch leicht zuhause herstellen lässt. In der Region ist es nicht schwierig Lamm beim Schlachter zu bekommen. In den Supermärkten ist häufig neuseeländisches Lammfleisch im Angebot, wobei man wissen sollte, dass auch das Fleisch eines einjährigen Tieres noch als Lamm bezeichnet werden darf.

Lammfleisch aus dem Supermarkt kommt häufig aus Neuseeland

Lammbouillon mit Sherry

Wie sie auf Nordstrand serviert wird

Zutaten (für vier Personen):
1 Stück Lammschulter
(500 bis 750 g mit Knochen)
1 Bund Suppengemüse
3 Knoblauchzehen
1 Zwiebel
Nelken
Lorbeerblätter
weiße Pfefferkörner
Sherry Medium Dry
1 Bund Petersilie

Zubereitung:
Das Suppengemüse in grobe Stücke schneiden. Die Knoblauchzehen abziehen und zerschneiden. Die geschälte Zwiebel halbieren und die Nelken hineinstecken. Das Suppengemüse mit den Gewürzen, außer der Petersilie, in einem großen Topf mit Olivenöl kräftig anbraten. Dann das Lammfleisch und die gespickte Zwiebel zusammen mit zwei Litern Wasser und einem ordentlichen Schluck Sherry dazugeben. Das Ganze einmal aufkochen und danach eineinhalb Stunden köcheln lassen. Am Anfang mehrmals den Schaum abheben.

Wenn das Fleisch gegart ist, lässt es sich leicht vom Knochen lösen und in kleine Würfel zerschneiden. Dabei sollte das Fett entfernt werden.

Die Brühe zum Klären durch ein mit einem Mulltuch ausgelegtes Sieb gießen und danach noch einmal aufkochen. Dann mit Salz, Pfeffer und Sherry würzen.

Jetzt kommen die Fleischwürfel zurück in die Bouillon, etwas Petersilie darüber streuen und heiß servieren.

Buchweizengrütze ist heute eine Spezialität. Früher war es ein einfaches Volksnahrungsmittel.

Foto: LAND&MEER, Wikipedia

Sagenumwoben

Heute fast in Vergessenheit geraten, war der Buchweizen einmal das Volksnahrungsmittel des Nordens. Morgens, mittags und abends stand auf den Bauernhöfen der Region der Grützetopf auf dem Tisch und reihum wurde mit dem Löffel daraus gegessen. Zur Grütze wurde Milch gereicht oder abends gerne auch selbstgebrautes Bier. Heute wird Buchweizen in Norddeutschland nur noch als Delikatesse angebaut.

Mit Hilfe der Buchweizengrütze wurden Schlachten geschlagen und Hausgeister besänftigt. Die auf den Bauernhöfen selbst geschrotete Grütze wurde in einer großen Truhe, der „Grüttbank" verwahrt. Sie gehörte früher nicht nur bei den armen Leuten zur Hauptmahlzeit des Tages. Um den heißen Brei ranken sich auch einige Sagen und Geschichten. So soll der friesische Wahlspruch: „Lever dood as Slaav" (Lieber tot als Sklave) von der heroischen Abwehrschlacht künden, die die

Buchweizengrütze ist bei uns im Norden ein sagenhafter Brei

nordfriesischen Frauen gegen die dänischen Besatzer geführt haben, als sie die Soldaten des Königs mit heißer Grütze bewarfen und damit in die Flucht trieben. Auch der nordische Hausgeist Nis Puk, der gerne unter den Reetdächern herumspukte, ließ sich, so heißt es, mit einem großen Topf Grütze besänftigen.

Buchweizen, im Hause des Dichters Theodor Storm „türkischer Weizen" genannt, ist keineswegs ein Getreide, sondern eine sehr anspruchslose Knöterichpflanze, die aus der Mongolei nach Norddeutschland gebracht wurde, wahr-

Eine Scheibe Schwarzbrot mit Leberwurst gehörte bei uns dazu

scheinlich schon während der Bronzezeit. Genau weiß man es nicht. Heute bekommt man Buchweizen geschrotet als Grütze entweder in einem Reformhaus oder in gut sortierten Supermärkten. Buchweizengrütze zu kochen ist ganz einfach, wenn man das Mischungsverhältnis von Grütze und Wasser genau einhält – auf eine Tasse Wasser, eine Tasse Milch auf zwei Tassen Buchweizengrütze, wenn man den Deckel während des Kochens auf dem Topf lässt. Bei uns zuhause wurde die Grütze mit einem ordentlichen Klacks Butter garniert und dann mit Zimt und Zucker bestreut. Dazu gab es immer eine dicke Scheibe Schwarzbrot mit Leberwurst.

Buchweizengrütze

Wie sie in Elmshorn gegessen wird

Zutaten (für vier Personen):
1 Tasse Wasser
1 Tasse Milch
2 Tassen Buchweizengrütze
Prise Salz
Zimt
Zucker
deftiges Schwarzbrot
Butter
grobe geräucherte Leberwurst

Zubereitung:
Wasser und Milch zum Kochen bringen. Die Grütze dann hineinrühren und bei kleiner Flamme zwölf Minuten ziehen lassen. Zimt und Zucker vermischen. Schwarzbrot mit Leberwurst bestreichen.

Servieren:
Die Grütze kommt in einer Schüssel auf den Tisch, in der Mitte ein dicker Klacks Butter, der sich über die ganze Grütze verteilt. Zimt-Zucker und die Leberwurstbrote dazu reichen.

Pellkartoffeln, ganz heiß, mit Salz und Butter auf Schwarzbrot. Muss man einfach mal probieren.

Foto: LAND&MEER, Fotolia.com

Aber mit guter Butter

Man kann es kaum Rezept nennen – Pellkartoffeln auf Schwarzbrot. Trotzdem ist es ein typisches Abendbrotgericht der 50er-Jahre, schnell angerichtet und einfach serviert. Gut geeignet für größere Familien, die sich damals gerne vor Omas Fernseher versammelten.

Oma hatte einen. Wir und viele andere aus der Familie hatten keinen. So war es damals in den 50er-Jahren. Wer einen Fernseher in der guten Stube stehen hatte, musste sich auf Besuch einstellen, besonders am Sonnabend, wenn abends im Nordwestdeutschen Rundfunk Henry Vahl und die junge Heidi Kabel im Ohnsorg-Theater auftraten.

Bei Oma stand der Topf mit den Pellkartoffeln schon auf dem Herd

Autos gab es natürlich nicht in der Familie, also wanderte man zu Fuß oder kam mit dem Fahrrad. Auf jeden Fall war Schlag sechs Uhr abends die gute Stube voll, und Oma musste auftischen. Bier und Köm gab es für die Männer. Die Frauen mochten lieber einen Likör „Schwarzer Kater" oder Eierlikör. In der Küche dampfte derweil der Topf mit den Pellkartoffeln, natürlich eigene Ernte aus dem Garten. Das Schwarzbrot von Bäcker Hansen war schon aufgeschnitten und ein halbes Pfund „gute Butter" stand parat. Die Frauen achteten darauf, dass das Essen zügig auf den Tisch kam, bevor die Männer zu viel Bier und Köm intus hatten und die Schlacht am Kursker Bogen oder die Ardennen-Offensive neu schlagen wollten. Ich als kleiner Butje saß mit spitzen Ohren daneben und bekam Saft. Wenn die leckeren Pellkartoffeln dampfend auf dem Tisch standen, ging es los. Jeder versuchte, möglichst ohne sich die Finger zu verbrennen, einige

Hauptsache es kommen keine Leute – es ist ja ein „Arme-Leute-Essen"

Kartoffeln zu pellen. Die wurden in Scheiben geschnitten und kamen so heiß wie sie waren auf das dick mit Butter bestrichene Schwarzbrot. Ordentlich salzen und noch ein Klacks Butter auf die Kartoffeln. Fertig war das leckerste Abendbrot meiner Kindheit. Omas einzige Sorge war, dass jetzt bloß keine „Leute kommen", denn das, was wir mit großem Appetit aßen, war ja „Arme-Leute-Essen". Obwohl, und das fügte Oma immer hinzu: „Eigentlich stimmt das ja gar nicht. Wir haben ja gute Butter auf dem Tisch und die ist nicht billig."

Heiße Pellkartoffeln auf Schwarzbrot

Das leckerste Abendbrot meiner Kindheit

Zutaten (für vier Personen):
ein großer Topf kleine, festkochende Kartoffeln
kerniges Schwarzbrot
Butter
Salz
Schnittlauch

Zubereitung:
Die Kartoffeln kochen, Brot aufschneiden, Schnittlauch klein schneiden.

Servieren:
Im Original kam der verbeulte Aluminiumtopf mit auf den Tisch. Jeder hatte ein Holzbrett und ein Messer.

Heute gibt es Spieße mit denen man die Kartoffeln pellen kann, ohne dass man sich die Finger verbrennt.

Salzstreuer und eine Schüssel mit dem klein geschnittenen Schnittlauch standen bereit. Wichtig war der Buttertopf in der Mitte des Tisches.

Nur das Beste für d

Das Leckerste aus dem Meer, vom Feld und aus dem Sta

Gäste

Sie sind deftig, sie sind einzigartig und sie leben häufig von der gebrochenen Süße, der raffinierten Kombination aus salzigem Fleisch und süßen Früchten.

Die Hauptgänge der norddeutschen Küche, ob Fisch, Fleisch oder Geflügel, sind überraschend vielfältig und immer richtig für den großen Hunger.

Früher war der Aal in jedem der kleinen Flüsse Norddeutschlands zu finden. Heute sind die Bestände stark dezimiert. Deshalb sollte Aal auch als Delikatesse betrachtet werden.

Der geheimnisvolle Wanderer

Sein Lebenslauf ist nicht gänzlich erforscht, sein Überleben keinesfalls gesichert. Der Aal geht den Fischern an der Ostsee immer seltener in die Reusen, und Angler können von Glück sagen, wenn sie ihn am Haken haben. Dabei ist der Blankaal, den wir auf den Teller bekommen, eine absolute Delikatesse.

Beeindruckende sechstausend Seemeilen, das sind knapp zwölftausend Kilometer, legt der Aal im Laufe seines Lebens allein auf dem Atlantik zurück. Wenn er als Larve aus der Sargassosee, dem sagenumwobenen „Bermuda Dreieck", vor der amerikanischen Ostküste mit dem Golfstrom bis ganz nach Europa schwimmt, warten die Fischkutter schon auf ihn. In großem Stil

In Europa sind die Aale überfischt und kämpfen um ihr Überleben

werden Glasaale, Jungtiere, die das Larvenstadium gerade beendet haben gefangen, so dass die gesamte Population der europäischen Aale durch Überfischung massiv bedroht ist. Die den Netzen entkommenen weiblichen Aale schwimmen bei uns die Flüsse hinauf, während viele der männlichen Exemplare die Küstengewässer von Nord- und Ostsee vorziehen. Hier fressen sie sich ihr Fett an, das sie dringend benötigen, um nach 10 bis 14 Jahren zum Laichen die Rückreise anzutreten. Dabei sind sie allein auf ihre Fettreserven angewiesen, weil sich ihr Verdauungstrakt komplett zurückbildet, so dass der Fisch auf dem langen Weg keine Nahrung mehr aufnehmen kann. Allerdings ist die lange Reise der Aale nur eine Vermutung, denn trotz intensiver Forschung ist es der Wissenschaft bis heute nicht gelungen das Laichgebiet der Aale eindeutig zu bestimmen. Sicher ist nur, dass die kleinsten jemals gefangenen Aallarven aus der Sargassosee stammen. Gesichert ist allerdings, dass die

Aale suchen sich ihren Weg sogar über Land

Aale mit ihrem ausgeprägten Wandertrieb fast jedes Hindernis überwinden. Sie nehmen sogar Wege über Land in Kauf und schlängeln sich, wenn es nicht anders geht, des Nachts über feuchte Wiesen, oder erklimmen imposante Wasserfälle wie den Rheinfall von Schaffhausen. Wenn bei uns an der Küste Aal auf den Markt kommt, ist es meist Ostsee-Aal, der entweder in Reusen, oder – in Dänemark – in Bundgarn-Netzen gefangen wird. Um die 50 Zentimeter lang sind die männlichen Exemplare. Weibchen sind deutlich größer. Gute Fischhändler bieten die Tiere geräuchert oder aber frisch und enthäutet an.

Aal grün

Wie er in Nordfriesland serviert wird

Zutaten (für vier Personen):

3 enthäutete und ausgenommene Aale (ca. 50 cm)
1 Bund Dill
1 Bund Petersilie
1 Bund Suppengrün
1 Zwiebel
1 Zitrone
1 Becher Crème Fraîche
2 EL Sahne
Weißwein, z. B. ein trockener Riesling, für den Sud
weißer Balsamico-Essig
2 Lorbeerblätter
4 Wacholderbeeren
1 Ei
Salz, Pfeffer und Zucker

Zubereitung:

Jeden Aal in vier Teile schneiden und waschen. Mit dem Saft der Zitrone beträufeln und etwas ruhen lassen. Dann die Stücke mit Salz einreiben und wieder ruhen lassen. Wählen Sie einen Topf mit großem Durchmesser, damit die Fischstücke nebeneinander Platz finden.

Für den Sud reicht soviel Wasser, dass der Fisch eben bedeckt ist. Geben Sie einen ordentlichen Schuss Weißwein und etwas Balsamico hinzu, außerdem die geviertelte Zwiebel, das geschnittene Suppengrün, die Lorbeerblätter und die Wacholderbeeren sowie einen Teelöffel Salz. Kochen Sie

das Ganze einige Minuten auf und geben Sie dann den Fisch hinzu und einige Stängel Dill. Danach die Hitze reduzieren, und den Fisch 10 Minuten simmern lassen. Am Ende den Aal warm stellen und den Sud durch ein Sieb gießen. Er wird für die Sauce benötigt. Eine Mehlschwitze herstellen, die mit dem Sud aufgegossen wird. Ganz zum Schluss die Grundsauce mit der Crème Fraîche verfeinern und jeweils eine Portion gehackte Petersilie und Dill hinzugeben. Mit Zucker und Salz abschmecken, den Topf von der Flamme nehmen und ein mit Sahne verrührtes Eigelb unterrühren. Den Aal im Sud noch etwas ziehen lassen.

Pannfisch ist das Lieblingsessen der Urlaubsgäste in unserer Region. Früher war es ein einfaches Restegericht.

Foto: LAND&MEER

Edle Reste

Bei Hamburg-Touristen ist Pannfisch eines der Lieblingsgerichte. Ein bürgerliches Lokal ohne Pannfisch auf der Karte – undenkbar. Dabei ist es eigentlich ein Resteessen, bei dem Fisch und Kartoffeln vom Vortage mit einer dicken Senfsauce übergossen wurden, oft genug, um den Geschmack zu übertönen.

Kaum ein regionales Gericht hat so einen Wandel über die Jahrhunderte mitgemacht wie der Hamburger Pannfisch. Fisch aus der Elbe gab es bis weit ins 20. Jahrhundert reichlich und zwar so reichlich, dass er gerade bei den ärmeren Leuten täglich auf den Tisch kam. Dies führte in Hamburg der Sage nach zu Verstimmungen zwischen der Herrschaft und dem Hauspersonal. Die Hamburger Dienstboten machten eine Eingabe beim Rat und führten Klage darüber, dass sie bei ihren reichen Herrschaften fast ausschließlich billigen Lachs zu essen bekamen. An einem Tag gekocht oder gebraten, am nächsten Tag die Reste mit Senfsauce übergossen. Der Hamburger Rat soll dann eine Verordnung erlassen haben, die gebot, dass die Herrschaften ihren

Auf Ratsverordnung nur zweimal wöchentlich Lachs für die Dienstboten

Mägden und Knechten nicht häufiger als zweimal wöchentlich Lachs zu essen geben dürfen. Zwischenzeitlich ist Wildlachs eine Delikatesse geworden und Zuchtlachs aus den großen Fischfarmen ist immer günstig im Angebot. So wie sich das Fischangebot im Lauf der Jahre veränderte, hat auch der Hamburger Pannfisch eine Wandlung erfahren. Selbst Starköche wie Tim Mälzer haben sich des einfachen Gerichts angenommen.

Heute gehören ausgesuchte Stücke Edelfisch dazu, fein gebraten oder in Weißwein gedüns-

Heute steckt ausgesuchter Edelfisch im Hamburger Pannfisch

tet mit einer leichten Sauce aus Weißwein, Dijon-Senf und Sahne. Aber das hat alles nichts mehr mit dem Hamburger Klassiker zu tun. Der wird nämlich deftig mit Bratkartoffeln und einer Senf-Mehlschwitze serviert und zwar direkt aus der heißen Pfanne. Drei Sorten Fisch, die in Hamburg immer angelandet werden, eignen sich besonders für dieses Gericht: Kabeljau, Lachs und Rotbarsch.

Ob man die Filets im Ganzen dünstet oder brät, ist letztendlich Geschmackssache. Eine feste Regel gibt es dafür nicht.

Hamburger Pannfisch

Ganz klassisch aus der Pfanne

Zutaten (für vier Personen)

750 g Pellkartoffeln
1 Filet vom Lachs
1 Filet vom Kabeljau
1 Filet vom Rotbarsch
1 Glas Fischfond
1 Zwiebel
½ Zitrone
2 El Senf
2 EL Mehl
50 g Butter
Salz, Pfeffer

Zubereitung:

Die Pellkartoffeln kochen und sofort unter kaltem Wasser abschrecken. Dann lassen sie sich leichter pellen. Danach in Scheiben schneiden und mit den Zwiebelringen in einer großen Pfanne bei kleiner Hitze in Butterschmalz braten bis sie goldgelb sind. Dabei immer wieder wenden. Die Fischfilets waschen, abtupfen mit etwas Zitronensaft beträufeln und salzen. Danach in kleine mundgerechte Stücke schneiden. Den Fischfond erhitzen bis er kocht, dann von der Flamme nehmen und die Fischstückchen darin wenige Minuten ziehen lassen.

Den Fisch herausnehmen und warm stellen. Den Senf mit etwas Fischfond glattrühren. In einem kleinen Topf 50 Gramm Butter erhitzen und mit zwei Esslöffeln Mehl einige Minuten anschwitzen, bis die Masse hellbraun geworden ist. Mit Fischfond aufgießen und den Senf unterrühren.

Servieren:

Den Fisch in der Pfanne unter die Bratkartoffeln heben und etwas Senfsauce darüber verteilen. In der heißen Pfanne servieren. Den Rest der Senfsauce dazu stellen.

Im Frühsommer passt frische Erdbeersahne wunderbar zu dem leicht salzigen Matjes.

Gekehlt und leicht gesalzen

Der Erfinder des Matjes heißt Wilhelm Beukelzoon und hat bereits 1395 eine Methode entwickelt, wie man den jungfräulichen Hering nicht nur haltbar macht, sondern zu einer Delikatesse heranreifen lässt. Früher gab es Matjes nur im Sommer. Heute ist er dank Schockfrostung ganzjährig im Angebot.

Es hätte das Ende einer langen Tradition werden können. In den 70er-Jahren verlangten erst die niederländischen, später auch die deutschen Behörden, dass alle Matjesheringe aus hygienischen Gründen einmal tiefgefroren werden müssten. Was für die Matjesfreunde erst wie das Aus für die leckeren Filets aussah, entpuppte sich letztlich als wahrer Segen. Konnte Matjes früher nur sechs bis acht Wochen lang, ab Anfang Juni bis Mitte Juli, angeboten werden, so sind die leicht gesalzenen Fische jetzt ganzjährig im Angebot. Eigentlich ist Matjes ein ganz normaler, drei bis vier Jahre alter Hering. Nur im Frühjahr, kurz vor dem Laichen, frisst er sich ein dickes Fettpolster an. Darauf warten die Fischer und

Früher gab es Matjes nur im Frühsommer, heute wird er rund ums Jahr angeboten

fangen ihn heute im Frühsommer meist vor der norwegischen Küste. Er wird dann, so wie es Wilhelm Beukelzoon schon 1395 vormachte, mit einem Schnitt unterhalb der Kiemen gekehlt und die Innereien werden herausgenommen bis auf einen Teil der Bauchspeicheldrüse. Zusammen mit dem Salz bewirkt diese dann die sogenannte

Das Schaukeln im Seegang ließ den Matjes reifen

enzymatische Reifung innerhalb von wenigen Tagen. Das geschah früher in den „Kantjes", den Eichenholzfässern, die die Heringslogger, die von Emden oder von Glückstadt aus in die Nordsee fuhren, zur Lagerung an Bord hatten. Durch das Schaukeln im Seegang verteilte sich die Salzlake in den Fässern, so dass die Filets nach dem Anlanden direkt auf den Markt kommen konnten, aber dann auch gleich gegessen werden mussten, denn haltbar war der Matjes nicht. Heute wird der tiefgefrorene Fisch immer nach Bedarf aufgetaut und ist bei den Fischhändlern ganzjährig im Angebot. Frischen Matjes erkennt man an seiner silbrig braunen Färbung, wobei die an der Gräte gereiften Filets an der Unterseite leicht rötlich schimmern.

Glückstädter Matjes mit Erdbeersahne

Wie er im Restaurant „Schlei-Liesel" serviert wird

Zutaten (für vier Personen):
8 Matjesfilets
wenn nicht im Angebot,
Heringe nach Matjesart
250 g frische Erdbeeren
¼ l Schlagsahne
Zucker
1 Bund Dill
festkochende Kartoffeln

Zubereitung:
Kartoffeln kochen. Einige Erdbeeren beiseite legen. Die restlichen Erdbeeren pürieren, dann die Sahne mit einer Prise Zucker steif schlagen und das Erdbeer-Püree darunter heben.
Die übrigen Erdbeeren in Scheiben schneiden.

Servieren:
Jeweils ein Matjesfilet aufrollen und die Sahne mit einem Spritzbeutel vorsichtig in die Öffnung füllen, mit einer Erdbeerscheibe und ein wenig Dill garnieren. Dazu dann die Kartoffeln als Pellkartoffeln reichen oder auch in Scheiben geschnitten und mit reichlich Butterschmalz in der Pfanne kross gebraten.

Kross gebraten, mit der weißen Seite nach oben und krosser Speck dazu. So werden die Schollen serviert.

Der Sommerfisch

Im Mai, wenn die Zeit der schweren Frühjahrsstürme vorbei war, stachen von der Elbinsel Finkenwerder aus die Ewer in See, um in der Deutschen Bucht zu fischen. Von diesen ersten Törns der neuen Saison brachten sie Schollen mit, die ihnen in den Häfen zu Höchstpreisen abgenommen wurden.

Auch heute gilt Maischolle als Delikatesse, doch sollte man sich von dem Namen nicht irritieren lassen. Sie heißen zwar Maischollen, weil die Finkenwerder Fischer sie im Mai als ersten Fang anlandeten. Aber ihr Geschmack ist dann noch nicht so richtig ausgeprägt. Viel leckerer sind sie im Juni oder im Juli. Das hängt mit der Laichzeit der Tiere zusammen.

Im Juni oder Juli sind die Maischollen viel schmackhafter

Abhängig von Wassertemperatur und Seegebiet laichen die Schollen zwischen Januar und April. Im Mai gefangene Schollen sind deshalb eher fade und wässerig im Geschmack. Erst ab Mai beginnen die Tiere sich von der Strapaze zu erholen. Das Fleisch wird wieder fester und vor allem leckerer. Wer also erst im Juni oder Juli seine Maischollen serviert, liegt geschmacklich absolut richtig und die Tiere sind etwas größer. Schollen sind wahre Meister der Verwandlung. In den ersten zwei Lebensmonaten schwimmen die Jungtiere noch aufrecht wie andere Fische auch. Erst dann wandeln sie sich zum asymmetrischen Bodenfisch, dessen linkes Auge zur rechten Körperseite wandert. So verstehen sie es, sich meisterlich zu tarnen. Droht ihnen Gefahr graben sie sich blitzschnell in den Meeresboden ein und nehmen auch noch dessen Farbe an. Werden die Tiere beim Fischhändler frisch angeboten, dann sind die kleineren Exemplare geschmackvoller als die größeren. Wichtig ist, dass die Augen auf der dunklen Seite der Fische noch klar sind und die Kiemen leuchtend rot.

Der Fischhändler wird die Tiere gern ausnehmen und mit einer kräftigen Schere die um den Rumpf verlaufenden Flossen abschneiden. So sind die Schollen einfacher zu braten und zu essen. Sollte der Fischhändler ein Tier anbieten, dessen Augen auf die linke Körperseite gewandert sind, dann ist es zwar auch ein Plattfisch, aber ein Butt.

**Butt oder Scholle, das ist hier die Frage
Entscheidend ist, wo die Augen sitzen**

Maischolle Finkenwerder Art

Wie sie auf Finkenwerder serviert werden

Zutaten (für vier Personen):
8 kleine Schollen
Mehl
Salz
Butterschmalz
250 g durchwachsener Speck
Kartoffeln

Für den Salat:
1 Salatgurke
1 Zitrone
Sahne
1 Bund Dill
Pfeffer
Salz
Zucker

Zubereitung:
Die Kartoffeln in Salzwasser kochen. Den Speck in kleine Würfel schneiden und in der Pfanne auslassen. Die Grieben herausnehmen und warm stellen. Währenddessen die Schollen gründlich waschen und abtupfen, salzen, pfeffern und in Mehl wenden. Das ausgelassene Fett mit etwas Butterschmalz anreichern und die bemehlten Schollen bei höchstens mittlerer Flamme auf jeder Seite fünf Minuten anbraten. Da die Pfanne nicht groß genug ist für alle Schollen, werden die fertigen Schollen im Backofen bei 80 Grad warm gehalten.

Gurkensalat:
Die Gurke gründlich waschen, in feine Scheiben schneiden, salzen und 20 Minuten stehen lassen. Die Sahne mit dem Zitronensaft verrühren und mit Zucker, Salz und Pfeffer abschmecken. Etwas klein gehackten Dill darunter heben. Dann die Gurkenscheiben, die in der Zwischenzeit einen Teil ihrer Flüssigkeit verloren haben, untermischen.

Servieren:
Die Schollen mit der weißen Seite nach oben auf die Teller geben und mit jeweils einem Löffel ausgelassenem Speck garnieren. Kleine Zitronenscheiben dazu geben. Die Kartoffeln und den Gurkensalat extra reichen.

Im Frühjahr ist Stintsaison. Manchmal gibt es Stint aber auch schon im Dezember.

Foto: LAND&MEER

Delikatesse für den Kenner

Der berühmte französische Gastrosoph Brillat-Savarin nannte den Stint den „Ortolan der salzigen Gewässer". Die kleine Gartenammer gilt in Frankreich als Delikatesse, genau wie bei uns der Stint. Er zieht im Frühjahr in die Flüsse zum Laichen und läutet damit die Stintsaison ein.

Wenn das Seewasser nach dem Winter wieder eine Temperatur von neun Grad erreicht hat, zieht es den Stint in großen Schwärmen in die Flüsse. Früher soll er an der Elbe in so großen Mengen vorgekommen sein, dass man zum Fangen gar keine Netze benötigte, sondern Wäschekörbe zum Einsatz brachte. Der „Stintfang" direkt am Hamburger Hafen oder die Gastromeile „Stintmarkt" in Lüneburg zeugen heute noch von dem Fischreichtum. Wie Lachs galt Stint, der zu der gleichen Familie gehört, aber kaum länger als zwanzig Zentimeter wird, früher als einfaches Gesindeessen, dass bei den wohlhabenden Familien kaum auf den Tisch kam. Sehr beliebt war er wohl damals nicht, denn hochdeutsch heißt Stint – „stinkt",

Der Stint gehörte schon immer zum Norden. Davon zeugen viele Straßennamen

was wohl an dem intensiven Gurkengeruch liegt, den der frisch gefangene Fisch verströmt.

Mit der Verschmutzung der Flüsse waren die Fänge immer geringer geworden, so dass er seine wirtschaftliche Bedeutung mit der Zeit verlor. Doch heute, wo die Gewässer wieder sauberer geworden sind, werden die Fänge wieder größer, reichen aber oft kaum aus, um den Hunger der Stint-Liebhaber zu stillen.

Erstaunlich ist, dass der größte Teil der Stinte in großen Zuchtanlagen gehalten wird, aber keineswegs, um auf die Teller zu kommen, sondern als Futter für die Raubfische im Zoo. So wie schon Brillat-Savarin vorschlug, den Fisch ganz vorsichtig in Olivenöl zu braten, wird auch heute um die Zubereitung des leckeren Fisches kein großes Aufheben gemacht. Frisch wie sie vom Fischer kommen, werden die Fischlein ausgenommen, gesäubert, in Roggenmehl gewendet und nur ganz kurz in Butterschmalz gebraten. Heiß aus der Pfanne schmecken sie am besten. Dazu werden Kartoffeln gereicht und vielleicht noch ein Salat.

Den Stint einfach nur in Mehl wenden und kurz in die Pfanne

Stint, gebraten

Nach dem Rezept von Gisela Ahlf vom Fährkrug in Osten

Zutaten (für vier Personen):
2 kg Stinte
½ Zitrone
1 TL Salz
100 g Roggenmehl
250 g fetter geräucherter Speck
175 g Butterschmalz
Kartoffeln

Für den Salat:
1 Kopfsalat
½ Becher Schlagsahne
Saft einer ½ Zitrone
Zucker und Salz

Zubereitung:
Die Stinte gut säubern, waschen, salzen, mit Zitrone säuern und im Roggenmehl wenden. Das Butterschmalz und den gewürfelten Speck in der Pfanne erhitzen. Die Stinte darin goldgelb braten. Dazu gibt es Salzkartoffeln, die Braten-Specksauce und grünen Salat.

Salatsauce:
Sahne mit dem Zitronensaft verrühren und mit Zucker und Salz abschmecken. Wichtig ist dabei die eher süßliche Note.

Kenner halten die Knieper für schmackhafter als das Fleisch des Hummers.

Exklusiv von der Insel

Noch in den 30er-Jahren des letzten Jahrhunderts wurden vor Deutschlands einziger Hochseeinsel bis zu 80.000 Hummer gefangen. Heute kämpfen die Krustentiere auf dem Helgoländer Felssockel ums Überleben. Dafür hat der Taschenkrebs nun kulinarisch die Nachfolge des Hummers angetreten

Das Fanggeschirr ist über die Jahre das gleiche geblieben, große Drahtkörbe mit einem Köder, die auf dem Helgoländer Felssockel auf ihre Beute warten. Wenn die Körbe morgens in aller Frühe an Bord der klassischen Helgoländer Börteboote gezogen werden, sind sie oftmals gut gefüllt. Hummer sind allerdings eher selten darunter. Große rundliche, rotbraun leuchtende Taschenkrebse sind in die Fallen geklettert, mit für ihren Körper imposanten Scheren, den Kniepern, wie sie auf der Insel heißen.

Auf Helgoland wird der Hummer gerettet und der Knieper gegessen

Für die wenigen übriggebliebenen Helgoländer Hummerfischer, die sich zusammen mit den Meeresbiologen der Biologischen Anstalt Helgoland (BAH) um die Zucht und Pflege der Helgoländer Hummer kümmern, sind die Taschenkrebse ein kleiner

Ersatz für die früher einmal sehr einträgliche Hummerfischerei. Seit in den 50er-Jahren die Population der Taschenkrebse enorm zugenommen hat, haben die Restaurants auf der Insel Knieper mit auf die Speisekarte genommen. Bei den Besuchern kommen sie sehr gut an, so gut sogar, dass man immer wieder Ausflügler sieht, die mit einer

Schweres Werkzeug für die harten Scheren

großen Styroporbox mit tiefgefrorenen Kniepern auf ihre Schiffe zurückkehren. Serviert werden die Knieper meistens mit verschiedenen Saucen, und Toastbrot mit Butter. Die Scheren werden vor dem Verzehr ganz prosaisch mit einem Kartoffelstampfer geknackt.

Das Fleisch löst man dann mit Hummergabeln aus den dicken Schalen heraus. Kenner schätzen die Helgoländer Knieper als besonders geschmackvoll, was wohl am nährstoffhaltigen Wasser der Nordsee liegt. 800 Gramm wiegt eine Portion Knieper, bedenkt man das Gewicht der dicken Schalen, mag das wenig erscheinen, doch für die meisten ist es mehr als genug. Um nicht auf halber Strecke aufgeben zu müssen, empfiehlt der Helgoländer Kurdirektor Furthmeier einen Calvados dazu. Er schafft das „normannische Loch" im Magen und hilft beim Abbau des Eiweißes.

Helgoländer Knieper

Wie sie auf der Hochseeinsel angeboten werden

Zutaten (für vier Personen):
2 bis 3 kg Knieper
(von der Insel mitgebracht)
mehrere Zitronen für die Hände
Toastbrot
1 Bund Dill
1 Eigelb
geschmacksneutrales Öl,
z. B. Sonnenblumenöl

Zubereitung:
Die Grundmayonnaise lässt sich vorbereiten: Eigelb mit Pfeffer, Salz und etwas Essig verrühren und dann tröpfchenweise Öl dazugeben und mit dem Schneebesen ordentlich aufschlagen. Später das Öl in einem dünnen Strahl hinzufügen und ordentlich weiter schlagen, bis die Mayonnaise fest geworden ist. Jetzt den Sahnejoghurt unterrühren und die Menge auf drei Schüsseln verteilen.
Eine Portion mit gehacktem Dill, eine mit Tomatenketchup und einem Schuss Cocnac und die letzte mit dem Currypulver verrühren.
Die Knieper in dem größten vorhandenen Topf, in kochendes Salzwasser legen und ca. 20 Minuten ziehen lassen. Danach

auf einer dicken Holzplatte vorsichtig knacken. Man muss gar nicht so kräftig schlagen.

Servieren:
Die Knieper kommen heiß aus dem Topf auf eine Platte. Auf dem Tisch stehen die Saucen bereit und das getoastetes Brot sowie Butter. Für jeden gibt es eine kleine Schüssel mit Wasser und Zitronenstücken für die Hände, und natürlich den Calvados nicht vergessen. Historisch wird es Bier zu den Kniepern gegeben haben, heute wählt man eher einen leichten Weißwein.

Wirklich frische Krabben gibt es direkt vom Kutter in den Nordseehäfen.

Kleine Krebse weitgereist

Krabben, Granat oder Porren, wie die kleinen Garnelen an der Küste genannt werden, haben, wenn sie vom Kutter kommen, noch eine weite Reise vor sich. Einmal in riesigen Kühl-LKWs nach Nordafrika zum Pulen und wieder zurück. Erst dann, nach einigen Tagen und einigen tausend Kilometern, kommen sie als frische Krabben in die Regale der Supermärkte.

Im Sommer ist Hauptfangzeit für die Krabbenfischer an der Küste. Wenn es mit der Tide passt, häufig gegen Abend, fahren die von den Touristen gern fotografierten Kutter mit den markanten seitlich am Mast hochgezogenen Netzen ins Wattenmeer hinaus, fischen in der Nacht und kehren morgens mit dem Fang zurück.

Erst im Kessel an Bord erhalten die Krabben ihre orange Färbung

Krabben sind nachtaktive Tiere, die sich tagsüber im Sand einbuddeln und mit dem Einsetzen der Dämmerung in den Wattenprielen auf Jagd gehen. Von den dicken Gummirollen der Grundschleppnetze der Kutter werden die kleinen Garnelen aufgeschreckt und verfangen sich dann im letzten Teil, dem „Steert" des großen Netzes.

Wenn der „Hol", wie die Fischer ihn nennen, mit der Winde an Bord gehievt worden ist, wird der Fang schnell sortiert, weil der Beifang möglichst lebend wieder ins Wasser zurück soll. Die Krabben kommen sofort in einen großen Kessel mit kochendem Seewasser, in dem sie die rötlich-orange Farbe annehmen. Kehren die Kutter am Vormittag an ihre Liegeplätze zurück, ist es Zeit sich die Portion einzukaufen, die später zu leckeren Krabben mit Rührei verwandelt werden soll. Da das Pulen gerade von Ungeübten etwas Geduld verlangt, sollte man sich für die Zubereitung etwas Zeit nehmen. Ungefähr ein Drittel des Gewichts der frisch gekauften Krabben bleibt am Ende übrig, der Rest sind die Schalen.

Die große Masse der Krabben wandert vom Kutter in die Verarbeitung. Auf einem Rüt-

Mit dem LKW durch Europa und trotzdem frisch auf den Tisch

telsieb werden die Tiere nach Größe sortiert und dann mit Kochsalz, Benzoesäure und Zitronensäure übersprüht. Dann geht es mit großen Kühl-Lkws nach Marokko oder Weißrussland, wo die Tiere in speziellen Kühlhäusern von Hand gepult werden. Erst dann geht es wieder zurück in die Regale deutscher Supermärkte.

Immer wieder hat man versucht, die Tiere maschinell zu schälen, doch ohne Erfolg, der letzte ernsthafte Versuch ist im Jahre 2010 in Cuxhaven spektakulär gescheitert.

Und so geht's mit dem Pulen. Mit der linken Hand fasst man vorsichtig mit Daumen und Zeige- oder Mittelfinger den Kopf, mit der rechten Hand den Körper. Dann ganz sachte drehen, bis der Panzer zerreißt. Danach lässt sich das Fleisch einfach aus dem Panzer herausziehen.

Nordseekrabben mit Rührei

Wie sie in Büsum serviert werden

Zutaten (für vier Personen):
1 kg Krabben mit Schalen, kann gerne auch mehr sein
8 Eier
4 Scheiben deftiges Graubrot
Zitrone
Schnittlauch
Butter
¼ Liter Milch
Salz
Pfeffer

Zubereitung:
Die Krabben pulen. Die Schalen nicht wegwerfen. Aus denen lässt sich ein vorzüglicher Fond für Krabbensuppe kochen. Das Fleisch mit etwas Zitronensaft beträufeln. Die Eier gut mit der Milch verquirlen und mit Salz und Pfeffer würzen.

Bei geringer Hitze in einer beschichteten Pfanne zum Stocken bringen. Den Schnittlauch in kleine Röllchen schneiden und die Brote mit Butter bestreichen.

Servieren:
Das heiße Rührei auf die Brote geben und eine ordentliche Portion Krabbenfleisch darum herum garnieren.
Einwenig Schnittlauch darüber -streuen. Dazu ein herbes Bier.

Im heißen Dampf reichen 15 Minuten, um die Muscheln zu öffnen. Sie müssen nicht vom Wasser bedeckt sein.

Foto: LAND&MEER, Fotolia

Säen und ernten im Meer

Eigentlich kann man die Miesmuschelfischer als Landwirte betrachten. Erst säen sie die kleinen Saatmuscheln in bestimmten Gebieten des Wattenmeeres aus, später werden die großen schwarzen Exemplare geerntet und lebend auf den Markt gebracht. Wegen der Schonzeit im Sommer sind die Monate mit „R" am Ende die Muschelmonate.

Kaum eine Muschel ist weltweit so begehrt wie die länglich schwarze Miesmuschel. Schon während des 13. Jahrhunderts versuchte man, die Muscheln zu kultivieren. Heute kommen allein in Europa bis zu 550.000 Tonnen jährlich auf die Tische. An ihrem Namen sollte man sich nicht stören. Der kommt keineswegs von „mies"

Die Erntemethoden der Muschelfischer sind umstritten

sondern ist das mittelhochdeutsche Wort für Moos. Miesmuscheln setzen sich, genau wie die Moose an Land, an einem steinigen oder sandigen Untergrund fest und bilden Miesmuschelbänke. Im Sommer, wenn das Wasser im Wattenmeer warm ist, pflanzen sich die Tiere fort und bilden Millionen und Abermillionen von Larven, die sich erst nach Wochen irgendwo festsetzen. Von den Muschelfischern werden diese Saatmuscheln dann aufgespürt, vom Boden geschält und auf die Muschelbänke gebracht. Da das Schälen der Muscheln den gesamten Wattboden durchpflügt, ist die Fangmethode aus ökologischen Gründen sehr umstritten. Auf den Muschelbänken kleben sich die Tiere mit den aus der Byssusdrüse erzeugten Fäden am Untergrund fest.

Diesen aus Eiweiß und Eisen, das aus dem Wasser gefiltert wird, erzeugten, hochfesten und elastischen Fäden wird eine große Zukunft vorhergesagt. Wissenschaftler sind dabei, die Byssusfäden für die Verwendung

Nach dem Kochen sollten alle Muschelschalen geöffnet sein

in der Medizin, zum Beispiel beim Einsetzen von Herzklappen zu erforschen.

Zur Erntezeit werden die Muscheln von den Bänken geholt und einige Stunden im frischen Seewasser durchgespült, damit sie den Sand aus den Schalen abgeben. Nach der Reinigung von Seepocken und Byssusfäden werden sie lebend in Kunststoffbehältern verschweißt. Allein der in den Behältern vorhandene Sauerstoff reicht aus, die Tiere für einige Tage am Leben zu erhalten. Beim Zubereiten sollte man darauf achten, dass die Muscheln geschlossen sind, ein Zeichen dafür, dass sie noch leben. Nach dem Kochen sollten alle Schalen geöffnet sein.

Miesmuscheln im Weißweinsud

Wie sie in Friesland auf den Tisch kommen

Zutaten (für vier Personen):
4 kg Miesmuscheln
1 Bund Suppengemüse
1 große Zwiebel
2 Flaschen trockener Weißwein
3 Lorbeerblätter
1 TL Gemüsebrühe
1 Becher Sahne
Salz
10 schwarze Pfefferkörner
Butter
1 großes Baguette
1 grobes Schwarzbrot

Zubereitung:
Das Suppengemüse und die Zwiebel klein schneiden und mit etwas Butter in einem großen Topf anschwitzen. Mit ca. 1/2 Liter Wasser ablöschen, die Brühe unterrühren und stark zum Kochen bringen. Ein großes Glas Weißwein, die Lorbeerblätter und Pfefferkörner und die unter fließendem Wasser gewaschenen Muscheln hinzugeben. Die Muscheln müssen nicht vom Wasser be-

deckt sein. Der heiße Dampf gart sie auch so. Ca. 15 Minuten bei großer Hitze dünsten. Wenn sich alle Schalen geöffnet haben, können die Muscheln herausgenommen werden. Den Sud in einen extra Topf geben und dann mit etwas Sahne und Weißwein abschmecken.

Servieren:
Je nach Geschmack kommt der Sud wieder über die Muscheln oder wird extra gereicht.
Dazu gibt es frisches Baguette, gebuttertes Schwarzbrot und ein Glas Weißwein.

Im Alten Land wird traditionell Suppe zur Hochzeit serviert. Dazu gibt es ein Stück Rosinenbrot.

Der Höhepunkt der Suppenhochzeit

Es gibt Gerichte, die können einen schlicht überfordern: „Man nehme 100 Pfund Rindfleisch und 75 Liter Wasser …" So beginnt ein Originalrezept aus dem Alten Land. Allerdings sollte die leckere Fleischsuppe damals auch ein ganzes Dorf verköstigen. Deshalb war das Drehen der vielen Klößchen für die Einlage auch eine Gemeinschaftsarbeit der Bäuerinnen.

Hochzeiten im Alten Land vor den Toren Hamburgs liefen nach einem festen Ritual ab. Ein Hochzeitsbitter in Altländer Tracht ging von Haus zu Haus und lud die Gäste ein. Da es überall einen „Lüttn" mit auf den Weg gab, musste er am Ende des Dorfes meist eine Verschnaufpause

**Geld für das Brautpaar,
der eigene Löffel für die Suppe**

einlegen. In der Regel kam von jedem Hof ein Gast und brachte als Hochzeitsgeschenk Geld mit und für sich einen Löffel für die Suppe, den er zum Schluss am Tischtuch abwischte und wieder mit nach Hause nahm. Bei diesen Suppenhochzeiten half das ganze Dorf mit, denn die vielen Klößchen, die in die Suppe gehörten wurden von den Frauen des Dorfes gemeinsam hergestellt. Die Hochzeitsfeierlichkeiten begannen mit der Suppe, danach gab es Butterkuchen und dann wurde der Tanz eröffnet. Wichtig war, dass die frisch Vermählten die Suppe gemeinsam aus einem Teller löffelten, denn das galt als Zeichen der Verbundenheit und sollte den Start in das zukünftige ge-

Ein Stück Rosinenbrot zur Hochzeitssuppe gehört immer dazu

meinsame Leben symbolisieren. Heute wird die Altländer Hochzeitssuppe als einer von mehreren Hauptgängen so serviert. Neben Sultaninen in der Suppe gehört dazu ein ordentliches Stück Rosinenbrot. Auch geht die Herstellung der Suppe heute deutlich schneller als früher, denn in vielen Supermärkten werden fertige Fleischklößchen auch schon als Tiefkühlware angeboten.

Altländer Hochzeitssuppe

Wie sie im Alten Land und in Kedingen serviert wird

Zutaten (für vier Personen):
500 g Rindfleisch aus der Hochrippe oder aus der Brust
1 Schinkenknochen
250 g Rinderhack
einige Stangen Spargel, wenn er angeboten wird
1 Bund Suppengemüse
2 große Zwiebeln
5 große Eier
100 ml Milch
1 Bund Petersilie
Muskatnuss
1 EL Semmelmehl
200 g Sultaninen
Rosinenbrot
Salz, Pfeffer, Zucker

Zubereitung:
Fleisch und Knochen gut abwaschen und mit drei Liter kaltem Wasser zum Kochen bringen. Am Anfang mehrmals abschäumen. Das gesamte Gemüse in mundgerechte Würfel zerschneiden. Einen Teil davon bissfest kochen

und in eiskaltem Wasser abschrecken. Eine Zwiebel durchschneiden und direkt auf der Herdplatte rösten. Wer ein Cerankochfeld besitzt, nimmt eine Pfanne. Danach die Zwiebel und das Gemüse in den Fleischtopf geben und eine gute Stunde auf kleiner Flamme mitköcheln lassen. Jetzt ist Zeit genug Fleischklößchen und den Eierstich herzustellen:

Fleischklößchen:
Das Rinderhack mit Salz, Pfeffer, etwas geriebener Muskatnuss einem Eigelb, einer fein geschnittenen Zwiebel und einem Löffel Semmelmehl in eine Schüssel geben und gut durchkneten. Aus der festen Masse kleine Portionen abstechen, zu Kugeln formen und in leicht simmerndem Salzwasser einige Minuten ziehen lassen. Danach mit der Schöpfkelle ausheben und an die Seite stellen.

Eierstich ganz einfach:
Die vier übrigen Eier mit der Milch, Salz und Pfeffer und etwas fein geschnittener Petersilie verrühren und in einen gut verschließbaren Gefrierbeutel füllen. Den Beutel für zehn Minuten in einen Topf mit simmerndem Wasser geben. Wenn die Masse gestockt ist, herausnehmen und den Eierstich in kleine Stücke zerschneiden.

Nach einer guten Stunde ist das Fleisch gar und kann in mundgerechte Stücke geschnitten werden. Der Knochen hat jetzt seinen Geschmack an die Brühe abgegeben. Die Brühe zum Klären durch ein, mit einem Mulltuch ausgelegtes Sieb gießen. Dann mit Salz, Pfeffer sowie einer Prise Zucker würzen und einmal aufkochen. Jetzt alle fertigen Zutaten in die Suppe geben. Etwas Petersilie darüberstreuen und servieren.

Geräucherter Aal gibt der Hamburger Aalsuppe einen besonders kräftigen Geschmack

Foto: LAND&MEER

Alles drin

Der Streit ist bis heute nicht entschieden: Ist nun Aal drin oder nicht? Sicher ist nur, dass die Hamburger Aalsuppe ihren Namen nicht dem Fisch zu verdanken hat, sondern der Zutatenliste. Als Resteessen enthielt sie nämlich alles was die Küche hergab: „allens wat rinkümmt".

Auch ein Schinkenende mit dem Knochen daran gehört in die Aalsuppe, deshalb gibt es Köche, die die leicht säuerliche Suppe erst ab Johanni (24. Juni) auf den Tisch bringen. Dann ist nämlich die Spargelsaison zu Ende und früher hatte man dann noch das letzte Stück vom Schinken übrig. Als typisches Gericht der Re-

Aalsuppe ist eines der ältesten Hamburger Rezepte

gion ist die Hamburger Aalsuppe schon seit dem 18. Jahrhundert bekannt. Das zeigt ihre Erwähnung in einer Küchenordnung des Hamburger Heilig-Geist-Hospitals von 1756. Dass Aalsuppe ein Gericht für die „gemeinen Leute" ist, wie Johann Georg Krünitz 1782 in seiner „Oeconomischen Encelopädie" schreibt, kann man angesichts der

Zutaten kaum glauben, denn Schinken gehörte im Allgemeinen kaum auf den Tisch der armen Leute.

Da die Zubereitung nicht unaufwendig ist, sind einige hungrige Gäste mehr am Tisch ganz willkommen. Weil die Aalsuppe ein veritabler Hauptgang ist, bei dem man leicht ins Schwitzen kommt, dürfen die Herren sogar die Jacke ausziehen und in Hemdsärmeln essen, wie eine alte Tischetikette ausdrücklich erlaubt.

Den für die Suppe unerlässlichen Schinkenknochen finden Sie beim Schlachter Ihres Vertrauens. Ob frischer oder geräucherter Aal verwendet wird, ist Geschmackssache. Zu diesem Rezept passt geräucherter Aal gut, auch weil dadurch die Zubereitung der Suppe etwas einfacher wird. Kommt die Aalsuppe ohne den Aal auf den Tisch, dann ist es eine „Verlorn Supp", welcher der Aal im wahrsten Sinne des Wortes verloren gegangen ist. Auch nicht ganz unschuldig am Namen der Suppe ist das „Aalkruut", das unbedingt dazu gehört. Gemeint sind wohl alle Kräuter, die der Garten hergibt, und davon eine große Tasse voll. Genauso wichtig sind Dörrpflaumen und Apfelringe, die der Suppe den säuerlichen Geschmack verleihen, der so gut zur rauchigen Note von Schinken und Aal passt.

In die richtige Hamburger Aalsuppe gehören alle Gartenkräuter der Saison

Hamburger Aalsuppe

Alles drin – auch der Aal

Zutaten (für sechs Pers.):

1 Räucheraal
1 Schinkenknochen mit „was dran" (Vorbestellen! Vielleicht hängt der Schlachter ihn mit in den Rauch, was den Geschmack deutlich hervorhebt.)
1 Bund Suppengemüse
1 große Zwiebel
1 große Tasse kleingehacktes „Aalkraut", also alles, was man so findet: Petersilie, Dill, Schnittlauch, Majoran, Thymian, Bohnenkraut, Salbei, Rosmarin,
1 Tüte Dörrpflaumen ca. 200 g
1 Tüte Apfelringe ca. 200 g
250 ml herber Weißwein
Zucker
Salz, Pfeffer

Zubereitung:

Die Dörrpflaumen und die Apfelringe am Vortag in etwas Weißwein einlegen, den Aal enthäuten und in kleine Portionen aufteilen. Den Schinkenknochen zusammen mit der Aalhaut in einem großen Topf mit gut zwei Liter Wasser, bei kleiner Hitze drei Stunden ziehen lassen. Das Gemüse klein schneiden und die Kräuter hacken. Den Schinkenknochen und die Aalhaut, wenn sie ihren Geschmack abgegeben haben, aus der Flüssigkeit nehmen und die entstandene Brühe etwas entfetten. Die Zwiebel durchschneiden und direkt auf der Herdplatte oder in einer Pfanne ohne Fett kräftig anrösten. Das Gemüse, die Zwiebel, die Hälfte der Kräuter und das Dörrobst in die Brühe geben. Gut zwanzig Minuten köcheln lassen. Dabei mit gut 250 ml Weißwein, Zucker, Salz und Pfeffer säuerlich abschmecken.

Während das Gemüse gart, das Fleisch vom Schinkenknochen lösen und in mundgerechte Stücke schneiden. Zum Schluss die Schinken- und Aalstücke sowie die restlichen Kräuter zurück in die Suppe geben und heiß servieren.

Seeluft und Futtter macht das Lammfleisch so schmackhaft, dass es Abnehmer in der ganzen Welt findet.

Mit goldenem Biss und Tritt

Nach einer groben Schätzung gibt es in Nordfriesland genauso viele Schafe wie Einwohner, nämlich gut 160.000. Während die Menschen den verschiedensten Tätigkeiten nachgehen, sind die Schafe im Küstenschutz beschäftigt. Mit goldenem Biss und Tritt, halten die Tiere die Grasnarbe auf den Seedeichen kurz und verfestigen den Kleiboden mit ihren Hufen.

Schon vor 10.000 Jahren wurde das Schaf aus dem Mufflon zum Hausschaf domestiziert. Seit Ende des vierten Jahrtausends sind die Tiere in Nordeuropa nachgewiesen und wurden für die Wolle- und Milcherzeugung eingesetzt. Bei uns an der Küste erkannte man vor gut 100 Jahren den unschätzbaren Nutzen der Tiere für die Deich-

Die Schafe halten das Gras am Deich kurz und treten den Boden fest

pflege. Sie sind völlig anspruchslos, und widerstehen mit ihrer dicken Wolle Wind und Kälte. Außerdem ist ihr Appetit unstillbar. Mit ihren Zähnen beißen sie die Gräser ganz dicht am Boden ab, was den Pflanzen gut bekommt und sie zum Wachsen anregt. Weil Schafe nicht so schwer sind wie Rinder, treten sie die Deichoberfläche nicht kaputt, sondern verfestigen sie mit jedem Tritt ihrer Paarhufe. So können die Deiche den schweren Winterstürmen an der Nordsee gut widerstehen. Das frische Gras und die salzhaltige Nordseeluft sind darüber hinaus für den außergewöhnlichen Geschmack der Tiere verantwortlich, denn das Futter verleiht dem Fleisch seine ganz einzigartige Würze. Besonders im Frühling wenn die Lämmer geboren worden sind, erhalten die Deichschäfereien Fleischbestellungen aus aller Welt. Die Lammkeulen und Lammkarrees von den Salzwiesenlämmern sind besonders gefragt und zwar so sehr, dass es manchmal

Friesisches Salzwiesenlamm für die Spitzenköche in Frankreich

sogar für die Einheimischen schwer ist, eine Keule zu ergattern.

Ein großer Teil des nordfriesischen Lammfleisches geht nach Frankreich, wo die Spitzenköche zu Ostern Salzwiesenlamm aus Nordfriesland auf die Karte setzen. Rechtzeitiges Bestellen ist also zu empfehlen, wenn eine Salzwiesen-Lammkeule zubereitet werden soll.

Weil das Fleisch so zart ist, empfiehlt sich hier unbedingt das Garen mit niedriger Temperatur. Die Garzeit ist dabei lang, vier bis sechs Stunden, je nach Fleischstärke, wobei es auf eine halbe Stunde nicht mehr ankommt.

Lammkeule vom Salzwiesenlamm

Frisch vom Deich

Zutaten (für 4 bis 6 Pers.):

1 Lammkeule vom Salzwiesenlamm, den Knochen vom Schlachter auslösen lassen
1 Bund Suppengemüse
1 Glas Lammfond
2 Flaschen guten Rotwein, der auch zum Essen getrunken wird
Butterschmalz
2 Knoblauchzehen
2 Zwiebeln
4 Zweige Rosmarin
Salz
Pfeffer
1 Bratenthermometer

Beilagen:

Dazu passen Salzkartoffeln und Bohnen

Zubereitung:

Das Lammfleisch mit einem scharfen Messer parieren, überflüssiges Fett und Sehnen entfernen. Das kann auch der Schlachter übernehmen. Das Suppengemüse und Zwiebeln klein schneiden und den Backofen auf 90 Grad vorheizen. Das Fleisch rechtzeitig aus dem Kühlschrank holen, damit es Zimmertemperatur hat. Die Keule ordentlich mit Salz einreiben und in einem Bräter in dem Butterschmalz scharf anbraten. Das Fleisch kurz zur Seite stellen und das Gemüse, die Zwiebeln und die Knoblauchzehen in dem gleichen Fett ebenfalls kurz rösten, aber nicht anbrennen lassen. Jetzt alles mit einem guten Schuss Rotwein und einem Schuss Lammfond ablö-

schen, das Fleisch auf das Gemüse legen, die Rosmarinzweige obendrauf, und ab in den Backofen. Vier bis sechs Stunden dauert es jetzt. Der Garprozess lässt sich gut mit dem Bratenthermometer verfolgen. Wenn die Temperatur an der dicksten Stelle 65 Grad erreicht hat, ist das Fleisch innen lecker rosa. Wer es etwas mehr durchgaren möchte wartet, bis die Temperatur bei 70 Grad liegt. Jetzt ist es Zeit, den Ofen auszuschalten und das Fleisch auf einer Platte ein wenig ruhen zu lassen. Das Gemüse im Bräter mit einem weiteren Schuss Rotwein und Lammfond lösen, alles in eine Kasserolle füllen und mit dem Pürierstab zu einer Sauce zerkleinern. Eventuell mit kalten Butterflöckchen montieren.

Rotkohl als Beilage passt sehr gut zum winterlichen Rippenbraten mit Pflaumenfüllung.

Knusprig fruchtig

Früher war Rippenbraten ein klassisches Winteressen. Wenn das Schwein geschlachtet war, aber die Äpfel schon aufgegessen, dann musste improvisiert werden. Darauf verstanden sich die Mecklenburgerinnen besonders gut.

Der Kieler Kirchenprobst Klaus Harms kam durch seinen Beruf viel herum im Land Schleswig-Holstein. Befragt nach seinen Ansichten über die Landschaft formulierte er klar und volkstümlich: „Das Land ist wie ein Schwein, an den Rändern fett und in der Mitte mager." Von Schweinen verstand damals jeder etwas, gehörten die Tiere doch bis zum Ende des 18. Jahrhunderts zum Hauptnahrungsmittel der Landbevöl-

Schweinerippe mit Pflaumenfüllung gehörte zu den winterlichen Festessen

kerung. Gut 100 Kilo Fleisch wurden damals pro Kopf und Jahr verzehrt. Das Schöne war, dass man sich um das Borstenvieh kaum kümmern musste. Die Tiere wurden in die Wälder getrieben und konnten sich da von den reichlich vorhandenen Eicheln ernähren. Mit dem Bevölkerungswachstum im 19. Jahrhundert änderte sich die Lage drastisch und der Fleischverbrauch sank gewaltig. Gerade die Landbevölkerung verfiel

Liebe Leserin, lieber Leser,

gerne informieren wir Sie über unsere Buch-
neuheiten. Senden Sie einfach diese Karte an uns.
Wenn Sie gezielt über Buchtitel informiert werden
wollen, die Sie interessieren, dann beantworten
Sie bitte unsere Fragen auf der Rückseite.
Unter allen Einsendern verlosen wir monatlich
10 Bücher aus unserem Programm.

| Frau/Herr, Vorname, Name | Geburtsjahr |

Straße, Hausnr.

PLZ, Ort

E-Mail

O Ja, ich möchte Ihren E-Mail-Newsletter beziehen

X Datum, Unterschrift

**TAMM
MEDIA**

Deutsche Post
WERBEANTWORT

Maximilian Verlag GmbH & Co. KG
Georgsplatz 1
20099 Hamburg

Bitte
frankieren
falls Marke
zur Hand

Koehler
Ein Unternehmen der Tamm Media

DAS SEENOTRETTER-KOCHBUCH
Rezepte und Geschichten
Silke Arends

DIE TRAUMSCHIFF REEDEREI
100 JAHRE DEILMANN
KATHARINA MÄSCHKE · OLIVER P. MÜLLER

Unser Buchprogramm
finden Sie unter:
www.koehler-books.de

○ Senden Sie mir bitte Ihr
Verlagsprogramm zu.

Danke für Ihre Meinung!

Diese Karte fand ich in dem Buch: _____

Ich bin auf dieses Buch aufmerksam geworden durch:

○ meine Buchhandlung   ○ im Internet

○ Anzeige/Werbung   ○ eine Empfehlung

○ eine Buchbesprechung   ○ Sonstiges

Ich war mit dem Titel zufrieden:

○ ja   ○ nein

Ihren Verlag kenne ich schon:

○ ja   ○ nein

Ich interessiere mich für folgende Themen besonders:

○ Schifffahrt   ○ Hamburg

○ Segeln   ○ Norddeutschland

○ Reisen/Tourismus

Besonders gern würde ich ein Buch lesen über: _____

in Armut. Die Lebensumstände wurden beschwerlich, insbesondere in Mecklenburg. Hier war der Alltag der Bauern besonders hart, denn die Leibeigenschaft dauerte bis ins Jahr 1816 an, während sie in Schleswig-Holstein schon knapp 100 Jahre früher beendet wurde.

Gegessen werden konnte damals immer nur das, was Stall und Scheune gerade hergaben. Das war in der Novemberzeit immer noch am schmackhaftesten, denn dann wurden die Schweine geschlachtet. Man hatte über die lange Winterzeit kein Futter für sie.

Ob Dörrpflaumen oder Apfelringe, wichtig ist der fruchtige Geschmack

Rippenbraten mit Füllung gehörte dann sicherlich zu den absoluten Festessen. Wobei die Füllung variierte, je nachdem ob noch Äpfel im Keller lagerten oder nicht. Sonst wurden Backobst oder Dörrpflaumen genommen, die sich gut lagern ließen und praktisch immer zur Hand waren. Zu dem etwas süßlichen Schweinefleisch harmoniert das säuerliche Obst perfekt. Der Schlachter wird gerne in das Fleisch eine Tasche für die Füllung schneiden. Dörrpflaumen gibt es im Supermarkt, und weil es ein Novemberessen ist, gehört Rotkohl als Beilage dazu.

Mecklenburger Rippenbraten

Ein winterliches Festessen

Zutaten (für vier Pers.):
1,5 kg Schweinerippe mit vom Schlachter eingeschnittener Tasche und eingekerbter Schwarte
200 g Dörrpflaumen ohne Kerne
2 TL Zucker
2 EL Semmelbrösel
Butterschmalz
Pfeffer
Salz
1 TL Majoran
evt. Madeira

Beilagen:
Kartoffeln
Rotkohl

Zubereitung:
Die Dörrpflaumen am Vorabend einweichen, entweder in Wasser oder in einem ordentlichen Schuss Madeira. Die Dörrpflaumen mit dem Zucker und den Semmelbröseln vermischen und in die mit Salz, Majoran und Pfeffer ausgeriebene Fleischtasche füllen. Etwas sollte man für die Sauce übrig lassen. Dann das ganze entweder mit Küchenzwirn vernähen oder die Tasche einfach nur mit Zahnstochern zusammenstecken. Bleibt etwas von der Füllung über, so kann es später in die Sauce gegeben werden. Dann kommt das gute Stück mit der Schwarte nach oben auf dem Bratrost in den auf 200 Grad vorgeheizten Backofen. Wichtig ist es, eine Fettpfanne mit etwas Wasser darunter zu schieben. Nach Bedarf den Fond in der Pfanne mit etwas Wasser ablöschen. Gut zwei Stunden braten lassen, dabei immer wieder mit der Flüssigkeit aus der Fettpfanne begießen. Wer einen Salamander im Herd hat, gibt der Schwarte damit am Ende der Garzeit die richtige Kruste. Dann den Braten auf der untersten Einschubleiste bei geöffneter Ofentür ruhen lassen und den Bratensatz mit etwas Wasser aus der Pfanne lösen. Den so gewonnenen Fond entfetten und mit etwas Schmand und einem weiteren Schuss Madeira verfeinern. Den mit einem Pürierstab zerkleinerten Rest der Füllung dazugeben. Das Fleisch quer zur Füllung aufschneiden. Rotkohl und Kartoffeln dazureichen.

Im Winter eingelegt, im Sommer mit Bratkartoffeln serviert. Sauerfleisch ist lange haltbar.

Foto: LAND&MEER

Sommerlich deftig

Kaum ein Tier wird nach der Schlachtung so vollständig bis zu den „Snuten und Poten" zu Fleisch, Wurst und Speck verarbeitet wie das Hausschwein. Damals, als die Hausschlachtung noch zum Alltag gehörte, musste es vor allem schnell gehen. Kühlanlagen gab es ja noch nicht. Also wurde gepökelt, eingelegt und geräuchert, um die guten Stücke haltbar zu machen.

Früher hatten die Schweine nicht nur ein besseres, sondern vor allem auch ein längeres Leben. Ein Jahr wurden sie mindestens alt, in manchen Gegenden auch durchaus noch älter. Wurden sie am Haus gehalten, konnte man sie zufüttern, mit allem, was dort als Küchenabfall in die sogenannte „Drangtonne" kam. Wir wohnten

Hausschlachtung war Familienarbeit. Das Sauerfleisch wurde eingeweckt

damals in der Kleinstadt, hatten aber immer zwei Schweine im Stall, wovon eins im Herbst geschlachtet wurde. Da musste die ganze Familie zupacken. Das war harte Arbeit unter der Anleitung eines Schlachters. Immerhin konnte das Schwein durchaus 150 Kilo auf die Waage bringen. Es wurde Blut gerührt, Fleisch geschnitten, es wurden

Wurst und Speck geräuchert, es wurde gepökelt, eingelegt und eingeweckt. Und es wurde Schnaps getrunken und zwar nicht wenig. Für die Frauen in der Küche stand nicht nur eine schweißtreibende Arbeit an, sie mussten auch noch aufpassen, dass die Schnapsflasche nicht zu schnell leer wurde. Wir Kinder hatten es immer besonders auf das Sauerfleisch abgesehen. Der größte Teil davon wurde allerdings in Gläser gefüllt und eingeweckt. Damit war es haltbar und konnte sogar noch Monate später auf den Tisch kommen.

Die gewürzte Essigmarinade macht das Fleisch in den Gläsern schön zart

Für das Sauerfleisch wurde eine Marinade angesetzt aus Wasser, Essig und Gewürzen, in der besonders die Stücke aus dem Bauchfleisch gekocht wurden. Die gewürzte Marinade sorgt nicht nur für den guten Geschmack des Fleisches, sondern die Säure des Essigs zersetzt das Bindegewebe und macht das Fleisch zart und mürbe. Früher musste das Sauerfleisch noch im Einkochkessel eingeweckt werden. Heute hat man es einfacher. Fleisch und Marinade kommen direkt in Twist-Off-Gläser. Damit ist ein Arbeitsgang gespart.

Sauerfleisch auf holsteinische Art

Im Glas zart gereift

Zutaten (für vier Personen)

1 kg Schweinenacken ohne Knochen – ist nicht so fett wie Bauchfleisch
1,5 l Wasser
0,5 l Weißweinessig
1 EL Zucker
2 große Zwiebeln
5 Wacholderbeeren
4 Lorbeerblätter
10 Körner schwarzer Peffer
2 TL Salz
bei Bedarf 12 Blatt Gelatine

Beilagen:

Kartoffeln für Bratkartoffeln

Zubereitung:

Aus dem Wasser, Essig, den Zwiebeln und den Gewürzen die Marinade ansetzen und zum Kochen bringen. Dabei eher kräftig abschmecken. Das Stück Fleisch hinzufügen und 90 Minuten köcheln lassen. Zwischenzeitlich den Schaum abschöpfen. Das Fleisch aus der Marinade nehmen, wenn es gar ist, und in portionsgerechte Stücke schneiden.

Die Marinade erkalten lassen. Dann können Sie sehen, wie sie schon von selbst zu gelieren beginnt.

Das Fett setzt sich ab und lässt sich nun leicht entfernen. Wird die Marinade nicht steif genug, dann pro Liter Flüssigkeit zwölf Blätter Gelatine in Wasser aufweichen und in den heißen Sud rühren.

Eine Auflaufform und ausgekochte Twist-Off-Gläser bereitstellen. Das Fleisch in Schichten in die Form legen, den Rest in die Gläser füllen.

Dann den heißen Sud über das Fleisch gießen, die Gläser verschließen und alles erkalten lassen.

Heckels Kreation wird heute noch gern serviert: Rundstück mit Schweinebraten und Sauce.

Foto: LAND&MEER

Der Burger von der Reeperbahn

Im Gegensatz zur Currywurst gibt es beim Hamburger Rundstück warm keinen Streit um die Urheberschaft. Der schnelle Snack, in der norddeutschen Küche auch gerne als Resteessen serviert, wurde von dem Hamburger Wirt Heinrich Heckel erfunden. Nur über den Grund ist man sich nicht einig.

War nun die Köksch (Köchin) krank oder war das Personal schon nach Hause gegangen? Man weiß es nicht so genau. Im Bierhaus Heckel an der Ecke Reeperbahn, Hamburger Berg, schräg gegenüber der Davidswache geriet der Wirt, Heinrich Heckel, ein bisschen ins Schwitzen, als zu später Stunde eine Gesellschaft seine

Heckels Rundstück mit Braten wurde ein Bestseller

Schänke betrat und noch etwas Warmes bestellte. So viel ist jedenfalls sicher, Heckel war allein und in der Küche gab es nicht sehr viel mehr als Bratenreste, etwas Sauce und einige trockene Rundstücke. Eigentlich nichts, aus dem sich etwas zaubern ließ. Aber Heckel wusste sich in seiner Not zu helfen. Beherzt stellte der den Braten in den noch warmen Backofen und die Sauce aufs Feuer. Die Rundstücke – echte Hamburger lassen das „R" über die Zunge rollen und stolpern beim „St" über den spitzen Stein – erhielten jeweils eine Scheibe Braten und etwas Sauce darüber.

Fertig war das „Rundstück warm", dass den Gästen so gut geschmeckt haben muss, dass es daraufhin seinen Siegeszug nicht nur in Hamburg sondern bald auch in der ganzen Welt antrat. Immerhin vertritt Ronald Gutberlet, der unter dem Pseudonym Virginia Doyle historische Kriminalromane schreibt, sogar die These, dass es ein Hamburger Koch war, der aus dem Fleisch der Schlachthöfe von Chicago den ersten „Burger" fabrizierte.

Es ist nur ein kleiner Schritt vom Rundstück warm zum modernen Burger

Eingedenk des Heckelschen Rundstücks und ob der fehlenden Bratensauce griff er beherzt zur Ketchupflasche. Leicht abgewandelt und im Namen etwas verkürzt, wandelte sich die Heckelsche Verlegenheitslösung so zum „Hamburger" und wurde wirklich weltberühmt.

Man sollte nicht darauf setzen, dass vom Sonntagsbraten genügend übrig bleibt, um Rundstück warm zuzubereiten. Lieber geht man auf Nummer sicher und holt sich ein Stück Fleisch vom Schlachter. Bei Heckel war es Schweinefleisch, in Chicago Rindfleisch. Der Geschmack kann also die Auswahl bestimmen. Ziemlich sicher ist, dass es bei Heckel dazu Bier und Hamburger Kümmel gab.

Hamburger Rundstück warm

Kleiner Snack vom Hamburger Kiez

Zutaten (für vier Personen):

1,5 kg Schweinebraten ohne Knochen
1 Bund Suppengrün
2 Zwiebeln
Senf
Salz
Pfeffer
Butterschmalz
1 Glas Bratenfond
6 Rundstücke (Brötchen, Semmeln)
1 Glas Gewürzgurken
1 Becher Schmand

Zubereitung:

Den Braten mit Senf, Salz und Pfeffer einreiben und in einem Bräter in heißem Butterschmalz von allen Seiten scharf anbraten. Dann auf dem Rost mit Fettpfanne darunter in den auf 200 Grad vorgeheizten Backofen schieben. Bei Ober- und Unterhitze ungefähr zwei Stunden garen. Das Bratenthermometer sollte am Ende 80 bis 85 Grad anzeigen. In der zweiten Stunde das kleingeschnibbelte Gemüse in die Fettpfanne legen und etwas Wasser dazugeben. Ist der Braten gar, kann er noch einige Minuten ruhen, bis der Satz mit etwas Bratenfond aus der Fettpfanne gelöst ist. Das Ganze durch ein feines Sieb seihen und die Sauce mit Schmand abschmecken.

Servieren:

Die Rundstücke aufschneiden, den Braten in kräftige Scheiben schneiden und je eine Scheibe auf eine Rundstückhälfte legen. Etwas von der Sauce darübergeben.

Dazu gibt es eine aufgeschnittene Gewürzgurke.

Pellkartoffeln mit Stipp erweckt bei vielen Norddeutschen immer noch Kindheitserinnerungen.

Foto: LAND&MEER. Fotolia.com

Das Brot der Armen

Ein Dach über dem Kopf, Arbeit in den Manufakturen und Pellkartoffeln mit Speckstippe – das sind kurz umfasst die Lebensumstände der Landbevölkerung bis ins 18. Jahrhundert. Eines dieser Alltagsgerichte ist bis heute bewahrt worden – Pellkartoffeln mit Stipp.

Der Alte Fritz, Friedrich der Große, war ein Visionär, jedenfalls was die Ernährung seiner Bevölkerung anging. Und wie es damals in Preußen üblich war, wurden seine Visionen, nämlich die Einführung der Kartoffel als Volksnahrungsmittel, mittels Befehl von oben in die Tat umgesetzt. Obwohl der Monarch sich bei seinen

In der Bevölkerung gab es viele Vorurteile gegen die Kartoffeln

vielen Fahrten über Land ganz persönlich um den Anbau kümmerte, dauerte es fast ein Jahrhundert bis sich die Knolle wirklich durchgesetzt hatte. Anfangs hatten die Bauern nicht viel übrig für die Einfälle ihrer Obrigkeit, ging man auf dem Lande doch davon aus, dass die Kartoffel Krankheiten hervorriefe und darüber hinaus unge-

54 Pottkieker · **HAUPTGANG**

nießbar wäre. Man warf sie den Hunden vor, die daran schnupperten und sie verschmähten und damit stand das Urteil fest: „Die Dinger riechen nicht und schmecken nicht; und nicht einmal die Hunde mögen sie fressen. Was wäre uns damit geholfen?"

In der Mitte des 19. Jahrhunderts stellte sich die Sache anders dar. Je geringer das Haushaltseinkommen und je größer die Kinderzahl, desto höher war der Kartoffelverbrauch. In Schleswig-Holstein ging mit dem Kartoffelanbau zugleich eine Verringerung von Buchweizen und anderem Getreide einher. Die Kartoffel hatte sich nun durchgesetzt und somit veränderten sich die Vorlieben. In einem Küchenkalender der da-

Morgens, mittags und abends Kartoffeln, mehr kam selten auf den Tisch

maligen Zeit wurde als „tägliches Abendbrot" empfohlen: „Heiße Pellkartoffeln, serviert in einer umgebundenen Schürze, aus der die Kartoffeln auf den Tisch rollen; auf dem Tisch eine Schüssel, in die die gepellte Kartoffel oder der Kloß gestippt wird, in Salz oder in Mehlsoße mit Dill oder in ausgelassenen Speck."

Pellkartoffeln mit Stipp sind einfach zubereitet, meist sind alle Zutaten im Haus, und das Gericht schmeckt wohl von allen reinen Kartoffelgerichten am besten.

Deshalb hat sich das Rezept auch über die Jahrhunderte gerettet und ist, trotz der einfachen Zutaten, für Jung und Alt gleichermaßen eine Gaumenfreude.

Pellkartoffeln mit Stipp

Schnell und einfach

Zutaten (für vier Personen):

1 kg festkochende kleine Kartoffeln
500 g Zwiebeln
100 g fetter Speck
100 g durchwachsener Speck
2 EL Butter
2 EL Mehl
1 l Milch

Zubereitung:

Die Kartoffeln mit der Schale in Salzwasser kochen. Währenddessen die Zwiebeln und den Speck klein schneiden und mit der Butter in einer Pfanne bei mittlerer Hitze anbraten. Der Speck und die Zwiebeln sollten glasig sein.

Jetzt das Mehl darunterrühren und einige Minuten mit anschwitzen bis es Farbe annimmt. Dann das Ganze mit Milch ablöschen und zu einer sämigen Sauce verrühren.

Servieren:

Die Kartoffeln kommen ungepellt in einer Schüssel auf den Tisch. Die Sauce ebenfalls, so dass jeder sich nehmen kann, wie er es möchte.

„Birnen, Bohnen und Speck" ist der Klassiker des Nordens. Serviert wird der „Grööne Heini" am Ende des Sommers.

Grööner Heini

Wohl kein Rezept repräsentiert die norddeutsche Küche so, wie der in allen Landesteilen gekochte „Grööne Heini". Sein Geheimnis ist die richtige Mischung aus rauchig und fruchtig, die wir Norddeutschen „Broken Sööt" nennen. Über die rechte Wahl der Kochbirnen kann es allerdings schnell zum Streit kommen, denn wahre Lokalpatrioten lassen nur die Augustbirnen gelten und halten alles andere für Scharlatanerie.

Birnen, Bohnen und Speck ist das klassische Sommeressen des Nordens, es kam früher auf den Tisch, wenn die kleinen Augustbirnen noch grün waren, wenn die Bohnen reif wurden und wenn der geräucherte Schinken auf den Rest ging.

Türkische Erbsen sind die Bohnen der Wahl für den Gröönen Heini

Und nicht zu vergessen, das Bohnenkraut, unabdingbar für den guten Geschmack des Gerichts, war noch nicht welk. Die kleinen und steinharten Birnen können sowieso nur gekocht verzehrt werden. Dann erst entfalten sie ihren Geschmack, behalten überdies noch ihre Form und zerkochen nicht. Bei den Bohnen gibt es im Hamburger Raum eine besondere Sorte aus den Vierlanden. Sie heißt „Türkische Erbse", und tatsächlich ähneln ihre kleinen, rundlichen Samenkörner Erbsen. Ein Einkäufer auf dem Wochenmarkt soll einmal gesagt haben: „Das kommt mir aber türkisch vor." Daher hat die Bohne, die keine Erbse ist, ihren Namen. In den letzten Jahren findet man sie wieder verstärkt auf den regionalen Märkten, weil auch die Restaurants sie gerne anbieten. Während man es bei den Birnen und den Bohnen genau nimmt, so ist die Auswahl des Fleisches doch eher beliebig. Früher kam ja auch nur das in den Topf, was gerade in der Vorratskammer war, die Reste vom Schinken, durchwachsener Speck oder sogar eine Schweinebacke. Heute gibt es in den regionalen Restaurants eine Scheibe Speck dazu, die zusammen mit den Bohnen gegart wurde und so für zusätzlichen Geschmack sorgt.

Wer die Zeit des „Gröönen Heini" im August verpasst hat, kann einen zweiten Anlauf ab Mitte September nehmen, wenn die Bürgermeisterbirne reif ist. Sie passt auch ganz vorzüglich dazu.

Ob Speck oder Backe ist egal. Rauchig muss das Fleisch sein

Birnen, Bohnen und Speck

„Broken Sööt", der norddeutsche Lieblingsgeschmack

Zutaten (für vier Personen)

1 kg grüne Bohnen –
wenn es gibt, „Türkische Erbsen"
ca. 800 g durchwachsenen geräucherten Speck
1 große Zwiebel
10 kleine Kochbirnen
1 Bund Bohnenkraut
1 Bund Petersilie
1 EL Mehl
Butter

Zubereitung:

Den Speck und die geschälte Zwiebel in einen großen Topf mit etwas Wasser legen und bei mittlerer Hitze zum Kochen bringen. Bei kleiner Hitze gut 30 Minuten ziehen lassen. Die Bohnen putzen und den Birnen die Blüten ausstechen. Dann die Bohnen und das Bohnenkraut auf den Speck legen und ganz zuoberst die Birnen platzieren. Eventuell etwas Wasser nachgießen.
Alles bei kleiner Hitze ungefähr 30 Minuten garen lassen.

Servieren:

Wenn die Birnen gar sind, sie brauchen am längsten, kommt alles auf eine große Platte, wobei der Speck vorher in dicke Scheiben aufgeschnitten wird. Die gehackte Petersilie darüberstreuen. Die verbleibende Flüssigkeit wird schnell mit etwas Mehlbutter angedickt und kommt darüber. Dazu gibt es die Salzkartoffeln.

Säuerliches Apfelmus passt hervorragend zur süßen Grützwurst mit Rosinen.

Foto: LAND&MEER

Himmel und Erde

Es gibt sie mit Blut, es gibt sie ohne Blut und es gibt sie sogar mit Rosinen. Grützwurst ist schon vom Anblick her nicht jedermanns Sache, aber wer sie einmal probiert hat, wird begeistert sein, so wie die Gäste in „Stoof Mudders Krog" im Hamburger Freilichtmuseum Kiekeberg.

Am Anfang hat uns der Schlachter für wahnsinnig gehalten, als wir bei ihm Grützwurst bestellten." Stoof-Mudders-Krog-Pächter Gerd Popow lacht. „Diese waren bereits am ersten Wochenende alle. Heute ist Grützwurst eines unserer Stammessen, das muss unbedingt auf der Karte sein." Vielleicht sind die Museumsbesucher in

Grützwurst mit Apfelmus heißt im Norden „Himmel und Erde"

dem schön gelegenen Freilichtmuseum in den Harburger Bergen, eben südlich Hamburgs ja besonders interessiert an historischen Gerichten. Aber daran allein kann es nicht liegen, denn selbst in Hamburger Spitzenrestaurants ist „Himmel und Erde", Grützwurst mit Kartoffeln und Apfelmus, auf der Karte zu finden. „Himmel und

Erde" deshalb, weil die Äpfel für das Apfelmus im Himmel hingen, während die Kartoffeln aus der Erde gebuddelt werden mussten. Je nach Region werden in Deutschlands Norden Grützwürste unterschiedlich angeboten. Mit Blut – Rote Grützwurst, auch gerne mit Rosinen, oder ohne Blut – Weiße Grützwurst.

Wenn Schlachttag war auf den Bauernhöfen, dann lieferte das Schwein eine Menge Blut, dass sofort verarbeitet werden musste, ein Teil war traditionsgemäß für „Schwarzsauer" reserviert. Ein anderer Teil wurde für Blut-

Rosinen und Gewürze bestimmen den Geschmack der Grützwurst

und Grützwurst gesammelt, wobei der Name schon andeutet, dass in der Wurst gar nicht so viel Fleisch sein muss. Etwas Schweinefleisch und Schwarte wird durch den Wolf gedreht und mit Blut verrührt, zum Andicken wird dann Grütze dazugegeben. Wichtig sind die Gewürze wie Pfeffer, Piment und Majoran. Bei uns gehörten unbedingt Rosinen dazu. Die Zubereitung von Grützwurst ist eigentlich ganz einfach, die einen legen sie in heißes Wasser, die anderen mit etwas Fett in die Pfanne. Wichtig ist nur, dass der Darm der Wurst nicht platzt.

Grützwurst mit Apfelmus

Muss man einfach probiert haben

Zutaten (für vier Personen):

4 Grützwürste mit oder ohne Rosinen, schwarz oder weiß
1 kg mehlig kochende Kartoffeln
¼ l Milch
Butter
Salz
Muskat
Apfelmus, entweder aus dem Glas oder schnell selbst zubereitet aus
8 säuerliche Äpfel von verschiedenen Sorten z. B. Boskoop, Cox Orange oder Elstar
Zucker
Zimtstange
1 Zitrone

Zubereitung:

Das Apfelmus schon am Tag vorher kochen und kalt stellen: Die Äpfel schälen, klein schneiden und mit Zitrone beträufeln, damit sie nicht braun werden. Alles in einem Topf mit etwas Wasser zum Kochen bringen. Die Äpfel weich werden lassen und mit einem Kartoffelstampfer zerdrücken. Die Zimtstange dazugeben und mit Zucker abschmecken.

Die Kartoffeln kochen und zusammen mit der Milch zerstampfen, einen ordentlichen Klacks Butter dazugeben, mit Salz und geriebener Muskatnuss abschmecken. Die Grützwürste mit etwas Fett in die

Pfanne geben und bei milder Hitze vorsichtig erwärmen. Sie müssen nicht gegart werden, denn das sind sie schon.

Servieren:

Kartoffelmus und Apfelmus jeweils in einer Schüssel auftragen. Die Würste kommen zünftig direkt aus der Pfanne auf die Teller. Sie werden dann aufgeschnitten und die Füllung aus der Haut gegessen.

Saure Gurken und Apfelmus werden zusammen mit dem kross gebratenen Knipp serviert.

Foto: LAND&MEER

Deftige Rolle

Knipp, das Bremer Nationalgericht, ist wahrlich kein Diätprogramm, denn neben Hafergrütze und Schweinefleisch wird nicht an Schweineschmalz gespart. Früher galt Knipp als Arme-Leute-Essen, dass aus Schlachtabfällen zusammengekocht wurde. Heute ist es die Bremer Spezialität, die sogar an Knipp Fans von außerhalb versandt wird.

Wenn man es genau betrachtet ist Knipp keine reine Bremer Spezialität, denn in ganz Niedersachsen kommt Knipp auf den Tisch, teilweise allerdings in abgewandelter Form. In Hannover zum Beispiel heißt der Brei aus Fleisch und Hafergrütze „Pfannenschlag", in der Lüneburger Heide wird Knipp mit Heidschnuckenfleisch zuberei-

Knipp gibts unter verschiedenen Namen überall in Niedersachsen

tet und heißt „Heidjer Knipp", Nur die Oldenburger bezeichnen ihr Knipp schlicht als das, was es ist, nämlich Hackgrütze. Bei der Knipp-Zubereitung kann heute wahrlich nicht mehr die Rede von Schlachtabfällen sein. Schieres Schweinefleisch, Hafergrütze und Schmalz gehört neben einigen Gewürzen in ordentliches Knipp. Leider kann sich das Fleisch bei der Menge der grauen Grütze farblich kaum durchsetzen, was der ganzen Angelegenheit eine eher triste Optik verleiht, die nicht so appetitlich aussieht, wie sie in Wahrheit ist. Angeboten wird Knipp in großen Rollen, die dann in Scheiben aufgeschnitten werden. In manchen Gegenden Norddeutschlands wird dem Knipp noch kross gebratene Beutelwurst beigegeben, eine Art Blutwurst. Dann heißt das Ganze eben „Knipp un Büddelwurst".

Weil Knipp eigentlich an den Schlachttagen im Herbst und Winter frisch zubereitet wurde, ist es auch ein echtes Wintergericht, das man sich am besten durch einen ordentlichen Spaziergang am Weserdeich erst einmal erarbeitet, denn die Zubereitung ist schnell und einfach. Als Zutaten werden außer deftigem Schwarzbrot und Gewürzgurken, Rote Bete oder Apfelmus keine benötigt.

Die Knippscheiben werden einfach in die Pfanne gelegt und werden knusprig gebraten. Da die Fleischmasse eigentlich schon gar ist, kann man sie auch einfach so auf deftiges Schwarzbrot mit Butter legen. Aber das ist nun wirklich nicht jedermanns Sache. So oder so ist ein kurzer Klarer nach dem Essen geradezu notwendig.

Die deftige Rolle ist ein Wintergericht. Ein Klarer gehört unbedingt dazu

Knipp

Das Bremer Nationalgericht

Zutaten (für vier Personen):
8 dicke Scheiben Knipp
8 Scheiben Schwarzbrot
Butter
1 Glas Gewürzgurken oder Rote Bete oder beides

Zubereitung:
Das Knipp in der Pfanne knusprig braten, Schwarzbrot mit Butter bestreichen.

Servieren:
Das Knipp direkt am Tisch aus der Pfanne servieren.
Dazu die Gurken und die Rote Bete reichen. Nicht den Klaren vergessen!

Zum Grünkohl gehört unbedingt ein großer Topf Senf auf den Tisch. In manchen Gegenden steht auch noch ein Zuckerpott daneben.

Foto: LAND&MEER

Aber bitte mit Zucker

Namen hat der Grünkohl mehr als genug. Weit verbreitet ist die Bezeichnung „Oldenburger Palme", was sich von dem Wuchs der krausen Blätter ableitet. In vielen Gegenden ist Grünkohl nicht nur eine Mahlzeit, sondern ein gesellschaftliches Ereignis. Gerade im Oldenburgischen wird mit Kohlfahrten und der Wahl des Kohlkönigs ein wahrer Kult um das Gericht betrieben.

Schon die Griechen und die Römer kannten die Pflanze und sagten ihr die tollsten Eigenschaften nach. Gegen Schlangenbisse sollte sie genauso helfen, wie gegen die Nachwirkungen von Trinkgelagen. Am besten wussten die Ostfriesen Bescheid, denn dort half der Grünkohl lahmenden Schweinen wieder auf die Beine, aller-

Frost verhilft dem Grünkohl zu seinem süßlichen Geschmack

dings musste der Kohl gestohlen worden sein. Grünkohl ist ein absolutes Winteressen. Geerntet wird er ab September, aber nur für die Verwendung in Konserven. Im Garten lässt man ihn bis in den tiefen Winter stehen, weil er durch den Frost einen leicht süßlichen Geschmack bekommt, denn die Pflanze erzeugt Traubenzucker. Ein Prozess, vergleichbar mit dem, der die Bäume im Herbst rot und golden färbt. So unterschiedlich wie die Landschaften in Norddeutschland, so unterschiedlich ist auch die Art der Zubereitung. Aber eines haben alle Zubereitungsarten gemeinsam, die Fleischeinlage, Kochwurst, Pinkel, Kassler oder Schweinebacke darf nicht fehlen. Genauso der Zuckerpott auf dem Tisch, denn genügend Kenner streuen sich davon reichlich auf den Kohl. Ganz im Norden werden sogar in Zucker karamellisierte Bratkartoffeln dazu gereicht. Vielfach wurde der Kohl früher bis zur Unkenntlichkeit verkocht, dabei hat das

Die Menge machts. Grünkohl wird gerne in großen Portionen gekocht

Gemüse eine Menge Vitamin C zu bieten, darüber hinaus Mineralien und Folsäure, alles Bestandteile, die ein schonendes Garen erforderlich machen. Wird der Kohl nur kurz blanchiert, um die letzten Bitterstoffe abzubauen, behält er sogar seine leuchtend grüne Farbe. Während im Nordwesten, in Oldenburg, Pinkel dazu gereicht wird, eine geräucherte Grützwurst, ist es in Holstein die Schweinebacke, die nichts mit den Hinterläufen des Schweins zu tun hat, wie man denken könnte. Es ist die Wange des Schweins, seine Backe, wie die Norddeutschen sagen.

Grünkohl auf holsteinische Art

Wie er im Land zwischen den Meeren auf den Tisch kommt

Zutaten (für vier Personen):

3 kg frischer Grünkohl (gibt es fertig gezupft auf dem Markt)
1 Schweinebacke
8 Kochwürste oder Pinkel
100 g durchwachsener Speck
2 kg kleine Salatkartoffeln
3 große Zwiebeln
2 Lorbeerblätter
Butterschmalz
Zucker
Pfeffer
Salz
Senf

Zubereitung:

Die Schweinebacke mit einer Zwiebel und den Lorbeerblättern in einem großen Topf in einem Liter Wasser garen, bei kleiner Hitze ca. 1,5 Stunden.

Danach die Würste noch zehn Minuten mit dazulegen. Das kann man schon am Vortag machen. Wenn alles gar ist, Backe und Würste aus dem Fond nehmen und diesen erkalten lassen, dann lässt er sich leichter entfetten. Den Grünkohl in reichlich Wasser aufkochen und 10 Minuten ziehen lassen. Sofort herausnehmen und in kaltem Salzwasser abschrecken. So behält er seine Farbe. Danach gut ausdrücken und klein schneiden. Die restlichen zwei Zwiebeln und den Speck klein schneiden und mit Butterschmalz in einem großen Topf anschwitzen. Wenn alles glasig ist, mit etwas Fond ablöschen und 10 Minuten ziehen

lassen. Dann den Grünkohl dazugeben und mit dem restlichen Fond aufgießen. Ungefähr 80 Minuten bei kleiner Hitze garen lassen. Mit Salz und Pfeffer abschmecken. Die Backe und die Würste oben auflegen und das Ganze in knapp zehn Minuten heiß werden lassen. Die Kartoffeln können auch schon am Vortag für Pellkartoffeln gekocht und gepellt werden. Sie kommen mit Butterschmalz in die Pfanne und werden mit Zucker überstreut, damit sie schön goldbraun karamellisieren.

Ob Mecklenburger Ananas oder Oldenburger Südfrucht, die Steckrübe hatte schon viele Namen. Geblieben ist der Name des Gerichts: „Rübenmalheur".

Foto: LAND&MEER, Wikipedia

Gemüse mit Geschichte

Welche Namen man ihr auch gab, wie man auch versuchte ihr mit klingenenden Worten Glanz zu verleihen. Es nützte alles nichts. Im Volksmund blieb die Steckrübe die „Hindenburg-Knolle", so genannt nach dem Hungerwinter 1916/17. Auch wenn sich der Ruf der Rübe deutlich verbessert hat, so heißt das schmackhafte Herbstgericht immer noch „Rübenmalheur".

Ihren Ursprung kennt man nicht so genau, aber irgendwie ist die Steckrübe aus Skandinavien nach Norddeutschland gekommen, weshalb man sie auch „schwedische Rübe" genannt hat. Einfach hatte die große Knolle es eigentlich nie, so wurde sie in der einschlägigen Kochliteratur auch gerne mal mit dem Kohlrabi verwechselt. Wegen ihres strengen Geschmacks wurde die Rübe eher dem Viehfutter zugerechnet. Den Rest gab der zucker- und vitaminreichen Frucht ihr Einsatz im Kriegswinter 1916/17 als alleiniges Volksnahrungsmittel, als die Rübe nach dem Ausfall der Kartof-

Ihren schlechten Ruf erhielt die Rübe im 1. Weltkrieg

felernte im Herbst als Universalnahrungs-mittel herhalten musste. Aus dem gelben Fruchtfleisch wurde zum Beispiel Marmelade gekocht. Paniert musste sie als Kotelett herhalten, und sogar Kaffee versuchte man aus Rübenschnitzeln zu rösten.

Am Ende hieß sie im Volksmund nur noch „Hindenburg-Knolle" in Anspielung an den obersten Militär des Kaiserreiches. Damit war ihr Ruf erst einmal für lange Zeit gründlich ruiniert.

Trotzdem, und das spricht für die Qualität der gelbfleischigen Frucht, gehört der Steckrü-

Heute darf das Rübenmalheur im Herbst auf keiner Speisekarte fehlen

beneintopf heute wieder zu den traditionellen Herbstgerichten, der in ganz Norddeutschland ab September bis zum Beginn der Grünkohlsaison auf keiner Speisekarte fehlen darf. Nur am Namen des Gerichts kann man noch erkennen, dass die Rübe schon einmal ziemlich in Verruf war. In den Hansestädten Hamburg und Lübeck hatte man wohl nicht so eine schlechte Meinung von ihr, denn hier heißt der Eintopf „Hamburger" oder „Lübecker National", wobei man hier den Geschmack mit einer Portion Wurzeln verfeinert.

Rübenmalheur

Der Name täuscht

Zutaten (für vier Personen):
1 Steckrübe
500 g geräucherten durchwachsenen Speck
oder 1 Schweinebacke
evtl. 1 Bund Möhren (mildert den Rübengeschmack etwas)
1 kg mehlig kochende Kartoffeln
2 EL Butter
Gemüsebrühe
Salz
Pfeffer

Zubereitung:

Das Fleisch mit etwas Wasser in einem großen Topf zum Kochen bringen und ungefähr 1,5 Stunden bei kleiner Hitze gar köcheln lassen. Dann das Fleisch herausnehmen und den Fond aufheben. Die Rübe und eventuell die Möhren schälen und klein schneiden. Getrennt bereitlegen. Auch die Kartoffeln schälen und klein schneiden. Die Rüben mit der Butter in einem großen Topf anschwitzen, dann mit etwas Fond ablöschen und 30 Minuten köcheln lassen.

Zunächst die Möhren und die Kartoffeln dazugeben und mit weiterem Fond oder Gemüsebrühe auffüllen.

Noch einmal 15 Minuten köcheln lassen. Dann das Gemüse mit einem Kartoffelstampfer zu Mus zerstampfen und mit Salz und Pfeffer abschmecken.

Das Fleisch oben auflegen und einige Minuten erwärmen.

Servieren:

Das Rübenmalheur kommt in einer großen Schüssel auf den Tisch, das Fleisch wird aufgeschnitten und dann auf einer Servierplatte dazu gereicht.

Schwarzsauer ist eine Delikatesse, an die sich wegen der schwarzen Farbe nicht jeder herantraut.

Unansehnlich lecker

Es sieht weder gut aus, noch ist der Inhalt – frisches Schweineblut – jedermanns Sache. Trotzdem haben selbst Spitzenrestaurants im Hamburger Raum im Winter Schwarzsauer auf der Karte, denn wer sich einmal überwunden hat, wird feststellen, dass die Altvorderen schon wussten, warum sie sich nach der harten Arbeit am Schlachttag so auf das „Swattsuur" freuten.

Es gibt kaum etwas was übrig bleibt, beim Schweineschlachten. Vom Schwein lässt sich fast alles verwerten, selbst die „Snuten un Poten", die Schweinsköpfe und Pfoten werden verarbeitet. In der Zeit, aus der das Gericht stammt, waren tierische Produkte so wertvoll, dass nichts verschwen-

Die schwarze Farbe ist gewöhnungsbedürftig

det wurde. Vieles davon wird heute, in Zeiten von appetitlich präsentiertem Kühlthekenfleisch, das von seiner Herkunft und Produktion nichts mehr verrät, als abstoßend empfunden. Das gilt insbesondere für das Blut. Schade! Beim Schlachten der Schweine wurde das Blut in einer Wanne gesammelt und unter ständigem Rühren daran gehindert zu verklumpen. Früher wurde ein Teil des Blutes für die Wurst reserviert, aber ein anderer Teil sollte noch am Abend auf den Tisch kommen. Zusammen mit dem Fleisch, was beim Zerteilen übrig blieb, wurde daraus Schwarzsauer gekocht, als Belohnung für die harte Arbeit,

Heute bekommt man Schwarzsauer fertig beim Schlachter

denn das Schlachten war anstrengend. So ein ausgewachsenes Tier brachte damals durchaus 150 Kilogramm auf die Waage.

Während man in Hamburg, Schleswig-Holstein und Mecklenburg sein Schwarzsauer aus Schweinefleisch herstellte, kannte man in Ostfriesland auch eine Variante mit Geflügelfleisch. Der Name Schwarzsauer kommt vom Aussehen und dem Geschmack des Gerichtes. Wenn es auf den Teller kommt, sollte es wirklich schwarz sein und säuerlich schmecken. Denn dem Blut wurde etwas Essig hinzugegeben, damit es nicht gerinnt. Heute wird wohl niemand mehr Schweineblut kaufen, um Schwarzsauer herzustellen. Das ist auch gar nicht nötig.

Die Schlachter haben sich dem heutigen Geschmack angepasst und bieten zu bestimmten Zeiten, in der Regel im Winter, fertiges Schwarzsauer an, wobei für das Fleisch heute auch edlere Teile wie Bauchfleisch oder Schulter verwendet werden.

Zuhause muss es dann nur noch erwärmt werden. Dazu gehören in Essigwasser gekochte Stücke der Steckrübe und Kartoffeln oder Mehlklöße oder beides.

Schwarzsauer

Ein besonderes Erlebnis

Zutaten (für vier Personen):
Schwarzsauer für
vier Personen vom Schlachter
½ Steckrübe
500 g Kartoffeln
Salz
Zucker

Für die Klöße:
500 g Mehl
1 Ei
1 EL Butter

Zubereitung:
Schwarzsauer auf kleiner Flamme erwärmen. Die Steckrübe in kleine Würfel schneiden und in Essigwasser und etwas Zucker ungefähr 20 Minuten kochen. Die Kartoffeln kochen.

Die Mehlklöße:
Das Mehl in eine Schüssel geben. Das Ei hinzufügen. Mit etwas Wasser zu einem festen Teig verarbeiten. Einen großen Topf mit reichlich Wasser aufsetzen und die Butter darin auflösen. Den Teig zu Klößen formen und die Klöße bei kleiner Hitze ziehen lassen, bis sie oben schwimmen.

Servieren:
Das Schwarzsauer kommt in eine große Suppenterrine. Kartoffeln, Rüben und Klöße werden extra gereicht.

Traditionell geht es in den Elmshorner Restaurants hoch her beim „Graue-Erbsen-Essen".

Foto: LAND&MEER

Rettung in der Not

Not und Hunger waren groß in Elmshorn, als im Dreißigjährigen Krieg die
Truppen des Generals Wallenstein endlich abgezogen waren.
Ein Sack Erbsen soll die Menschen damals vorm Verhungern gerettet haben.
Daraus hat sich die Tradition einer Volksspeisung entwickelt, die sich bis
heute gehalten hat.

Ob der rettende Sack nun in einem Speicher gefunden wurde, oder ob ein Schiff zufällig von der Elbe her die Krückau nach Elmshorn hinaufgesegelt ist oder ob ein Bauer anstatt seine Schweine damit zu füttern die Erbsen für die leidende Bevölkerung gekocht hat, weiß man nicht so genau. Legenden darum ranken sich viele, aber das „Graue-Erbsen-Essen" ist aus dem gesellschaftlichen Leben des Ortes nicht wegzudenken. Heute ist es eine beliebte Tradition, die den örtlichen Gastwirten ordentlich etwas abverlangt. Die Einkaufsliste der Gaststätte „Sibirien" macht das

Um die unscheinbaren Erbsen ranken sich Legenden

deutlich. Hier rechnet man mit 1.000 Portionen und hat drei Zentner Erbsen, zehn Zentner Kartoffeln, fünf Zentner Speck und sechs Zentner Kassler auf der Liste. Das ist wohl auch der Grund, warum die Gastwirte in Elmshorn besonders große Töpfe und Kessel im Bestand haben. Früher wurden die Portionen im Andenken an die Hungersnot des Jahres 1628 kostenlos ausgegeben, trotzdem war es ein einträgliches Geschäft für die Wirte, denn das gut gewürzte Essen verlangte nach kaltem Bier und klarem Schnaps. Heute wird es immer schwieriger überhaupt graue Erbsen in diesen Mengen

Kapuzinererbsen werden heute aus den Niederlanden importiert

heranzuschaffen, denn in Norddeutschland werden sie nicht mehr angebaut, so dass man auf Quellen in den Niederlanden angewiesen ist. Schwierig zu kochen sind die grauen Erbsen nicht. Die Sorte heißt Kapuzinererbse. Sie wird heute auch noch in der regionalen Küche Ostfrieslands eingesetzt.

Da die Erbsen getrocknet angeboten werden, müssen sie ungefähr sechs Stunden in Wasser einweichen. Fangen sie allerdings an zu keimen, ist es Zeit sie zu kochen. Gut zweieinhalb Stunden Kochzeit muss man einplanen, um die Erbsen überhaupt weich zu bekommen.

Graue Erbsen

Wie sie traditionell in Elmshorn serviert werden

Zutaten (für vier Personen):
750 g graue Erbsen
700 g durchwachsenen geräucherten Speck
1 große Zwiebel
1 EL Mehl
1 kg Kartoffeln
1 EL Butter
Salz
Pfeffer

Zubereitung:
Die Erbsen ungefähr sechs Stunden einweichen und dann in dem Wasser, das beim Kochen eine gräuliche Farbe annimmt, bei kleiner Flamme un-

gefähr 2,5 Stunden köcheln lassen. Das Wasser am Ende der Kochzeit abgießen. Eine Scheibe von dem Speck abschneiden und in kleine Würfel schneiden. Den Rest mit etwas Wasser in einem großen Topf zum Kochen bringen und ungefähr eine Stunde bei kleiner Hitze gar köcheln lassen. Dann das Fleisch herausnehmen und den Fond auffangen. Die Kartoffeln kochen. Den restlichen Speck würfeln, mit der ebenfalls in kleine Würfel geschnittenen Zwiebel und der Butter in einer Pfanne glasig anschwitzen und mit dem Mehl überstreu-

en. Einige Minuten gut vermischen, dann mit dem Fleischfond ablöschen und eine sämige Sauce herstellen.

Die Sauce mit den abgegossenen Erbsen vermengen. Mit Salz und Pfeffer abschmecken.

Servieren:
Die grauen Erbsen kommen in einer großen Schüssel auf den Tisch. Den Speck aufgeschnitten auf einer warmen Platte und die Kartoffeln dazureichen.

Die Küken werden im Backofen mit Speck vor dem Austrocknen geschützt.

Foto: LAND&MEER

Direkt aus der guten Stube

Vierländer Stubenküken sind in den letzten Jahren ein bisschen in Vergessenheit geraten. Sie kamen direkt aus der guten Stube der Vierländer Bauern und boten für das Ostermahl die Alternative zum Lammbraten. Neuerdings findet man Stubenküken wieder auf den Karten der Spitzenrestaurants.

Anders als in manchen anderen Gegenden war die gute Stube der Vierländer Bauern der Ort, an dem sich die Familie zusammensetzte, weil die „groot Döns", die gute Stube, nämlich im Gegensatz zu den meisten anderen Räumen des großen Hauses im Winter schön warm

Die Gäste mussten auf der unbequemen Hühnerbank Platz nehmen

war. Geheizt wurde mit einem „Bilegger Ofen", der von der Diele oder Küche aus betrieben wurde und der in der Stube ausschließlich die Hitze abgab, ohne Rauch und Gestank. Arm sind sie nicht gewesen, die Vierländer Bauern, lag doch direkt vor der Haustür die große wachsende

Stadt Hamburg, die ihnen alles was Stall und Äcker hergaben sofort abkaufte. Weil auch die Elbe sehr fischreich war, gab es immer genug auf dem Tisch, und für die Tiere fiel auch mehr als reichlich ab. Weil die Bauern ihre Hühner so gut fütterten, fingen sie schon mitten im Winter an zu brüten. Da die Küken in der Kälte des Hühnerstalls aber keine Chance gehabt hätten, wurden die Hennen kurzerhand in die gute Stube geholt und erhielten ihren Platz in der Hühnerbank, wo sie ihre Küken ausbrüteten, die dann mit Mais und Schrot gemästet wurden. Innerhalb von wenigen Wochen setzten sie schönes gelbes Fleisch an. Zu Ostern waren sie zwar noch recht klein, aber

Stubenküken waren im Frühjahr das erste frische Geflügel im Angebot

schon schlachtreif und konnten in Hamburg, wo sonst noch kein frisches Geflügel zu bekommen war, zu ordentlichen Preisen verkauft werden. Kamen in Vierlanden Gäste zu Besuch, die man eigentlich schnell wieder verabschieden wollte, so wurden sie auf die Hühnerbank gesetzt, wo sie „kein Bein auf die Erde bekamen", weil die Bänke so unbequem hoch waren.

Stubenküken hatten früher ungefähr 300 Gramm Gewicht, heute werden Küken mit bis zu 450 Gramm angeboten. Größer sollten sie denn auch nicht sein. Weil die Küken so klein sind, rechnet man pro Person mit einem Küken. Ein großer Bräter mit Deckel ist da schon notwendig.

Hamburger Stubenküken

Aus den Vierlanden

Zutaten (für vier Personen):
4 Stubenküken ca. 300 g
4 dünne Scheiben Speck
1 Bund Suppengemüse
2 EL Butterschmalz
1 Glas Geflügelfond
ein Schuss Weißwein, der auch am Tisch getrunken wird
1 Bund Petersilie
1 Becher Schmand
1 kg Kartoffeln
Salz
Pfeffer

Zubereitung:
Die Stubenküken waschen, abtupfen und innen und außen ordentlich mit Salz und Pfeffer einreiben. Dann die Speckscheiben um die Küken wickeln und mit einem Zahnstocher feststecken. Suppengemüse in kleine Stücke schneiden, am besten mit dem Julienne-Hobel. Die Stubenküken mit dem Butterschmalz in einem großen Bräter von allen Seiten anbraten und dann für ca. 30 Minuten in den auf 180 Grad vorgeheizten Backofen stellen. Die Kartoffeln kochen. Danach die Küken warmstellen, das Gemüse in dem Bräter anschwitzen, mit Fond und Wein ablöschen und mit Salz und Pfeffer etwas nachwürzen. Dann ungefähr 15 Minuten ziehen lassen. Zum Schluss die gehackte Petersilie mit einigen Löffeln Schmand unter das Gemüse heben. Die Küken auf das Gemüsebett setzen und unter dem Salamander kurz überbräunen.

Servieren:
Das Gemüsebett kommt auf eine große Platte. Die Küken werden darauf abgesetzt. Kartoffeln dazureichen.

Mit Rotkohl und Rosenkohl, Knödeln und Bratäpfeln ist der Gänsebraten ein Festessen, für das man unbedingt Gäste einladen sollte.

Foto: LAND&MEER

Der Festtagsbraten

Sie sorgten für die Daunen im Bettzeug, sie bewachten mit ihrem lauten Geschnatter den Hof und zu guter Letzt wurden mit ihnen zum Martinstag die Schulden bezahlt. Der leckere Gänsebraten gehörte eher zur gutbürgerlichen Küche. Bei den Räten und Senatoren der wohlhabenden Städte gehörte eine gut gefüllte Gans ganz selbstverständlich auf den festlich gedeckten Tisch.

Im ländlichen Leben gehörte der elfte November zu einem der wichtigsten Tage des ganzen Jahres. Es war der Tag des „Zehnten", an dem unmittelbar nach der Ernte die fälligen Schulden beglichen werden mussten. Da diese oftmals in Naturalien bezahlt wurden, kamen dafür durchaus auch die Gänse in Frage. Die hatten den ganzen Sommer auf der Weide verbracht und sich dick und fett gefressen. Da sie nicht über den Winter zu bringen waren, denn dann hätte man sie mit Futter versorgen müssen, wurden sie kurzerhand geschlachtet. Ihre Daunenfedern wurden ins

Im Norden nimmt man Äpfel oder Backobst für die Füllung der Gans

Bettzeug gestopft und sorgten so im Winter für Wärme. Ihr Fleisch galt gebraten als Delikatesse und aus dem Fett gewann man Schmalz, das aufs Brot gestrichen wurde.

Weil so ein Vogel gerne einmal sechs Kilo auf die Waage bringt, bietet er ausgenommen eine Menge Platz für die Füllung. Und die ist beim Gänsebraten mindestens so wichtig wie die leckere, krosse Haut. Zwei Füllungen bieten sich besonders an. Äpfel oder Backobst. Die säuerlichen Apfelsorten wie Boskoop oder Cox Orange eignen sich

Eine Gans mit Füllung reicht für vier bis fünf Personen

vorzüglich, und auch Backobst am Vortage mit einem guten Schuss Madeira eingeweicht und mit zerbröseltem Zwieback gebunden ist auch nicht zu verachten. Beide Füllungen sind klassisch norddeutsch, denn Äpfel gab es immer im Garten und Backobst in der Schublade. Entscheidet man sich für Backobst, muss man auf die Äpfel auch nicht verzichten, denn die werden als Bratäpfel zur Gans dazu serviert. Unaufwendig ist ein Gänseessen nicht, denn der Vogel verbringt einige Stunden im Ofen.

Gans auf Senatorenart

Gänsebraten mit Backobstfüllung

Zutaten (für vier Personen):
1 Gans 4–5 kg
500 g Backobst
Madeira
2 Zwieback
Salz
Peffer
Majoran
Beifuß
1 Sprühflasche

Zubereitung: Rotkohl
Am Vortag den Rotkohl mit dem Küchenhobel klein schneiden. Alle Gewürze in einen großen Teebeutel geben. Die Zwiebeln, den Speck und die Äpfel klein schneiden. Den Speck in einem großen Topf mit etwas Butterschmalz anschwitzen, dann die Zwiebeln hinzufügen, später nach und nach den Rotkohl. Alles etwas anschwitzen lassen und dann mit 250 ml Apfelsaft ablöschen. Dazu einen ordentli-

chen Schuss Apfelessig geben. Bei niedriger Hitze eine gute Stunde ziehen lassen. Immer wieder umrühren. Zum Schluss das Johannisbeergelee unterrühren. Mit Salz und Pfeffer abschmecken. Bis zum nächsten Tag ruhen lassen.

Zubereitung: Gans
Das Backobst für die Füllung in einem ordentlichen Schuss Madeira einweichen und ziehen lassen, immer wieder einmal umrühren. Später den zerbröselten Zwieback dazu geben, der die Flüssigkeit aufnimmt. Die Gans gründlich mit einer Mischung aus Salz, Majoran und Beifuß innen und außen einreiben, dann füllen und zunähen. Die Enden der Keulen mit Alufolie schützen, damit sie nicht verbrennen, und die Beine zusammenbinden. Gut vier Stunden

vor dem Essen in den 160 Grad heißen Backofen (Umluft) schieben. Darunter die Fettpfanne mit einem halben Liter Wasser stellen. Immer wieder mit der Flüssigkeit aus der Fettpfanne begießen, möglichst durch ein Sieb. Nach einiger Zeit die Haut zwischen Keule und Körper mit einer Gabel einstechen, damit das Fett austreten kann. Zum Ende der Garzeit die Temperatur auf 185 Grad erhöhen, damit die Haut kross wird. Die Gans während des Garvorgangs immer wieder mit dem Apfelsaft aus der Sprühflasche besprühen.

Servieren:
Die Gans tranchieren und auf einer heißen Platte servieren. Sauce, Rotkohl, Bratäpfel und Knödel werden extra gereicht.

Erst die Apfelscheiben in die Pfanne und dann den Teig dar- übergießen. Das spart einmal wenden.

Süße Leckerei aus dem Alten Land

Zehn Millionen Obstbäume, 300.000 Tonnen Äpfel im Jahr. Das Alte Land direkt vor den Toren Hamburgs zwischen dem idyllischen Elbnebenfluss Lühe und der Hamburger Stadtgrenze ist das größte zusammenhängende Obstanbaugebiet Europas. Eines der leckersten Apfelrezepte kommt von hier – der Apfelpfannkuchen für den extra Äpfel gezüchtet wurden.

Sie heißen „Altländer Pfannkuchenapfel" oder „Finkenwerder Herbstprinz" und sind genau die richtigen Äpfel, um aus einem Pfannkuchen einen richtigen Apfelpfannkuchen zu machen. Sie bleiben in der Pfanne fest und haben die nötige Säure, die nach etwas Zucker ver-

Pfannkuchenäpfel lassen sich lange lagern und schmecken noch im Frühjahr

langt. Dazu sind sie lagerfähig und halten sich auch ohne großen Aufwand bis weit in den Winter, sogar bis ins nächste Frühjahr hinein. Die längere Lagerzeit macht dem Finkenwerder Herbstprinz nichts aus. Er entwickelt sein volles Aroma nämlich erst, wenn er ein wenig welk und schrumpe-

lig wird. Der Pfannkuchenapfel, den es schon seit 1870 im Alten Land gibt, wächst heute noch an zum Teil über siebzig Jahre alten Bäumen. Leider ist die Zeit über diese schöne Apfelsorte hinweggegangen. Die modernen Äpfel heißen heute „Braeburn", „Elstar" oder „Jonagold". Sie liegen überall in den Obstregalen der Supermärkte. Die richtigen Pfannkuchenäpfel sind heute historische Sorten, die auf den 10.500 Hektar Anbaufläche keine große Rolle mehr spielen.
Wenn es also ein klassischer Apfelpfannkuchen werden soll, dann lohnt es sich, zu einem Ausflug ins Alte Land aufzubrechen und die Früchte direkt vor Ort in einem der zahlreichen Hofläden zu kaufen und gleichzeitig einen Einblick in den modernen Obstanbau zu bekommen. Beeindruckend ist zum Beispiel die Größe der noch bestehenden alten Apfelbäume, die teilweise mit langen Leitern abgeerntet werden mussten. Heutzutage ist ein typischer Apfelbaum gerade mannshoch und wird nach spätestens 15 Jahren gerodet, weil dann der Ertrag sinkt.

Die Hofläden im Alten Land verkaufen die klassischen Pfannkuchenäpfel

Apfelpfannkuchen

Wie er im Alten Land serviert wird

Zutaten (für vier Personen):
250 g Mehl
½ l Milch
3 Eier
Prise Salz
Zucker
Zimt
Wenigstens vier Pfannkuchenäpfel. Sollten die historischen Sorten nicht zu bekommen sein, kann man auch einen Cox Orange, Boskoop oder Elstar nehmen.
Butterschmalz

Zubereitung:

Die Eier mit dem Mehl verquirlen und mit der Milch und einer Prise Salz zu einem recht flüssigen Teig verrühren.
Achtung: Je dicker der Teig, desto dicker der Pfannkuchen. Die Äpfel schälen, vierteln, entkernen und in dünne Scheiben schneiden. Die Pfanne, am besten eine beschichtete, mit ganz wenig Butterschmalz ordentlich erhitzen, die Apfelstücke darin verteilen und den Teig hineingießen, so dass der Pfannenboden ganz bedeckt ist. Dann den Deckel auf die Pfanne setzen und die Hitze herunter drehen. Nach einigen Minuten ist der Teig auch auf der Oberseite fest genug zum Wenden. Jetzt mit etwas Mut den Pfannkuchen hochwerfen und mit der Pfanne wieder auffangen. Funktioniert tadellos.
Man muss sich nur trauen.

Servieren:

Der Pfannkuchen kommt frisch aus der Pfanne auf den Teller und wird mit etwas Zucker und Zimt überstreut.

Werden die Graupen extra in einem Tuch gegart, heißt das Gericht auch „Jan im Sack".

Geschält, geschliffen und poliert

Graupen aus Gerstenkörnern haben früher arme Leute auf dem Lande, Seeleute auf den Ozeanen und sogar ganze Armeen vor dem Verhungern bewahrt, denn sie sind nahrhaft, widerstandsfähig und einfach zu lagern. Heute sind sie eigentlich in Vergessenheit geraten, doch gerade entdecken Spitzenköche die schmackhaften Gerstenkörner neu.

Sir Benjamin Thompson, Reichsgraf von Rumford, sollte im Jahre 1795 die Armee seines Kurfürsten reorganisieren und vor allem vor dem Verhungern bewahren. Kurzer Hand ließ er von den Soldaten auf dem Gelände des heutigen Englischen Gartens in München Äcker anlegen

Graupen dienten als Hauptnahrung für Soldaten und Seeleute

und Gerste pflanzen. Die große, bittere Armut der gesamten Bevölkerung verlangte nach schnellen und kostengünstigen Lösungen. Rumford ließ eine Gerstensuppe kochen, die damals nur drei Pfennig pro Portion kostete und den ärgsten Hunger lindern half. Die „Rumfordsuppe" trat ihren Siegeszug an und wurde vor allem bei den Ärmsten zum Alltagsessen. In Graupenmühlen wurden die Gerstenkörner aus ihren Hülsen gequetscht, entspelzt, geschält, geschliffen und poliert und erhielten so ihre runde Form. In dieser Form werden die Perlgraupen auch heute noch im Supermarkt angeboten. Die kleinen runden Körner hatten einen für die damalige Zeit wertvollen Vorteil. Ihnen machte lange Lagerung auch unter schlechten Bedingungen nichts aus. Dadurch wurden sie als Nahrungsmittel für die Armeen und vor allem auch für die Seefahrt interessant. Deshalb schrieb die

Heute wird Graupenrisotto in den Nobelrestaurants als Delikatesse angeboten

Hamburger Seemannsordnung von 1854 ganz klar vor, dass jedem Janmaat ein dreiviertel Pfund Graupen oder Mehl am Tage zustand. Dass bei uns gerade die Graupen mit Backpflaumen auf den Tisch kamen, lag wohl auch daran, dass beide Zutaten einfach zu lagern waren und als Notreserve, wenn nichts anderes frisch zu bekommen war, immer in den Schubladen vorhanden war. Jedes andere Obst oder auch Gemüse passt natürlich auch prima zu Graupen und ein Risotto aus Graupen ist eine geschmackvolle Alternative zu Reisrisotto.

Graupen mit Backpflaumen

Auch bekannt als „Jan im Sack"

Zutaten (für vier Personen):
2 Tassen Graupen
4 Tassen Wasser
Madeira
250 g Backpflaumen
Salz
ein Klacks Butter
Zimt und Zucker

Zubereitung:
Graupen in einem Sieb gründlich abspülen und vom Gerstenstaub befreien. Die Backpflaumen einige Zeit in Wasser oder Madeira einweichen. Das gesalzene Wasser zum Kochen bringen und darin die Butter auflösen. Dann die Graupen und die Backpflaumen dazu geben. Die Hitze stark reduzieren und ungefähr 25 Minuten köcheln lassen. Hier und da einmal umrühren.

Servieren:
Die Graupen kommen mit den Pflaumen in eine große Schüssel. Sie werden mit Zucker und Zimt bestreut. Ein Butterfass auf dem Tisch schadet nicht.

Zum schweren Teig passt die Schweinebacke. Die Kirschsauce gibt dem
Ganzen eine fruchtige Note.

Einfach mächtig

Die Portionen mussten groß sein und vor allem satt musste er machen.
Mehlbeutel oder „Mehlbüddel", wie die Norddeutschen zu dem mächtigen
Kloß sagen, wurde serviert, wenn auf den Bauernhöfen Erntezeit war oder
die Baumausschneider kamen. Heute ist „Mehlbüddel" in Dithmarschen bei
den Urlaubsgästen eines der beliebtesten Gerichte.

Es heißt, dass der Mehlbeutel als Variante des englischen Puddings im Mittelalter von Seeleuten nach Dithmarschen gebracht worden ist. Heute wird der im Tuch gegarte Teigkloß in ganz Norddeutschland serviert und gerade die Urlaubsgäste aus dem Süden lieben ihn. Drei Rezepte haben sich bis heute durchgesetzt, der „Einfache Mehlbüddel", der „Bunte Mehlbüddel", in dessen Teig eine Hand voll Rosinen hinein geknetet werden, und der „Swatte Mehlbüddel", der seine schwarze Farbe durch Schweineblut erhält. Allen dreien gemeinsam ist, dass sie mit Schweinebacke, Kochwurst

**Fruchtsauce und geräuchertes
Fleisch gehören zum Mehlbüddel**

oder Kassler serviert werden und dass eine säuerliche Fruchtsauce dazu gereicht wird, entweder Kirsch- oder Pflaumensauce. Manchmal gibt es auch Stachelbeerkompott dazu. Auf keinen Fall fehlen darf der Topf mit Senf und der Topf mit Zimt und Zucker, denn das macht den richtigen „Mehlbüddel" aus. Die heiße Fruchtsauce wird über die dicken Teigscheiben gegossen und alles mit Zimt und Zucker gesüßt. Das Fleisch erhält außerdem einen ordentlichen Klacks Senf dazu.

Wer sich im Meldorfer Gasthof „Zur Linde" zum „Mehlbüddel"-Essen angemeldet hat, darf

Zwei Stunden im Küchenhandtuch gegart und fertig ist der „Mehlbüddel"

sich nicht wundern, dass dann, wenn der Büddel auf dem Tisch zur Neige geht, Kartoffeln mit Senfsauce gereicht werden. Das ist eine Neuerung, die vor ungefähr 250 Jahren mit der Verbreitung der Kartoffel als Volksnahrungsmittel eingeführt wurde. „Mehlbüddel" ist ein einfaches Gericht. Es verlangt nach einem großen Topf, einem weißen Küchenhandtuch oder einer Windel und einem stabilen Kochlöffel, denn der Teig wird nach dem Anrühren in das Tuch gegeben und das hängt gut verknotet an dem Löffel im Topf mit Salzwasser. Die Kochzeit beträgt gut eineinhalb Stunden.

Dithmarscher Mehlbeutel

Das Leibgericht der Urlaubsgäste

Zutaten (für sechs Personen):

5 Eier
½ Liter Milch
500 g Mehl
100 g Butter
100 g Rosinen
1 TL Salz
1 Schweinebacke
2 Gläser Kirschen
1 EL Maismehl
Zucker und Zimt
Senf

Zubereitung:

Die Eier trennen und das Eiweiß mit etwas Zucker sehr steif schlagen. Das Eigelb cremig rühren und mit der Milch vermischen. Die zerlassene Butter hineinrühren und dann das Mehl, Salz und die gewaschenen Rosinen dazugeben. Alles zu einem Teig verrühren, unter den dann das Eiweiß gehoben wird. Das heiß durchgespülte Tuch in eine Schüssel legen, mit etwas Mehl bestreuen und den Teigkloß hineinlegen. Das Tuch wird gut verknotet, aber nicht zu eng, denn der Teig geht noch auf. Einen oder zwei stabile Kochlöffel durch den Knoten stecken und den Kloß so in einem Topf mit kochendem Wasser versenken, auf dessen Grund die Schweinebacke liegt. Der „Mehlbüddel" sollte zu ungefähr einem Drittel im Wasser liegen. Das ganze bei mittlerer Hitze eineinhalb Stunden garen lassen.

Die Kirschen in einem Topf erhitzen und mit etwas Maismehl andicken.

Servieren:

Den Kloß etwas ausdampfen lassen, mit einem großen Messer in dicke Scheiben schneiden und auf eine Platte legen. Die Schweinebacke auch in Scheiben servieren. Dazu die Kirschsauce in einer Sauciere reichen. Zimt und Zucker, sowie einen Topf Senf dazustellen.

Birnenteig – fruchtige Birnen, süßer Teig und das Ganze mit Speck umwickelt.

Leckere Reste

Es ist das typische Resteessen am Backtag, wenn in der Küche viel zu tun und der Backofen sowieso heiß ist. Schnell gemacht und trotzdem lecker. Die Variationen sind vielfältig, aber Speck und Birnen sind immer dabei.

Backen auf dem Lande war früher eine zeitraubende und vor allem langwierige Arbeit. Nicht nur, dass große Mengen verschiedenster Teige angerührt, geknetet und geformt werden sollten, auch der Ofen musste angefeuert werden. Auf großen Höfen gab es meistens ein kleines Backhaus, in dem der gemauerte oder aus Lehm geformte Ofen stand. In die

Birnenteig, die Reste vom Backtag, umwickelt mit Speck, gefüllt mit Birnen

Backröhre, die mehrere Brote auf einmal aufnehmen konnte, wurden erst einmal Holzkloben geschichtet, die in dem Ofen die nötige Hitze erzeugen sollten. Erst wenn alles Holz verbrannt war, konnte es losgehen. Dann wurde die Asche herausgezogen, die dicke Steinplatte, auf der die Brote backen sollten, musste ordentlich gefegt werden, damit keine Asche übrig blieb. Zum Schluss wurde sogar noch einmal nass gewischt. Erst dann wurden die Laibe „eingeschossen", wie die Bäcker es nennen. Birnenteig als schnelles Gericht, das gerne an einem Backtag serviert wurde, konnte so aus vielerlei Teig hergestellt werden. Letztendlich wurde genommen, was übrig blieb. Das konnte ein Hefeteig sein oder ein Stutenteig oder aber auch ein in Milch eingeweichtes altbackenes Brot, dass so noch einmal zu Ehren kam. Weil Birnenteig in ganz Norddeutschland gegessen wurde, gibt es eine ganze Menge Namen für das

Wenn alle Brote gebacken waren, kam der Birnenteig in den abkühlenden Backofen

Gericht, zum Beispiel „Ofenkater", „Ohmskook" oder, und das beschreibt es eigentlich ganz gut, „Backabspannkok".

Der Teig wurde als letztes in den langsam abkühlenden Ofen geschoben. Da er für die Herstellung bereits angerührt war, benötigte man nur ein paar Scheiben Speck, mit denen die Backform ausgelegt wurde und einige Birnen. Die kamen, je nach Jahreszeit, entweder direkt vom Baum oder aus dem Glas, was die Sache noch einfacher machte, weil dann der Saft für die Sauce schon vorhanden war.

Birnenteig

Von altbackenem Weißbrot

Zutaten
(für vier Personen):

1 großes Kastenweißbrot
1 l Milch
2 Gläser eingelegte Birnen
100 g Butter
100 g Mehl
1 EL Zucker
1 EL Maismehl
4 Eier
2 Pakete Bacon
Salz

Zubereitung:

Die Rinde des Weißbrots dünn abschneiden und das Brot über Nacht in der Milch einweichen. Am nächsten Tag die Masse durch ein Sieb streichen, mit Mehl und Butter sowie den Eiern und dem Zucker vermengen und die Masse in einem Topf unter Rühren erhitzen, bis sich ein Kloß gebildet hat. Eine Form mit Butter auspinseln und mit den Bacon-Scheiben auslegen, und zwar so, dass sie ein gutes Stück über den Rand hängen. Dann die Birnen auf den Speck legen und

den Teig darüber verstreichen. Jetzt die Speckscheiben über den Teig klappen und die Form in den auf 200 Grad vorgeheizten Backofen schieben. Nach ungefähr 50 Minuten ist der Birnenteig fertig. Die restlichen Birnen klein schneiden, mit dem Saft erhitzen und mit etwas Maismehl andicken.

Servieren:

Der Birnenteig wird in Scheiben geschnitten und auf einer Platte serviert, die warmen Birnen werden in einer extra Schüssel dazu gereicht.

Das Süße kommt zu

Für das Dessert sollte auf jeden Fall immer noch Platz sei

n Schluss

Süßsauer und fruchtig kommen die Desserts auf
den Tisch. Vom frühen Sommer bis in den späten
Herbst sorgen die Früchte des Gartens für den
süßen Ausklang des Menüs.

Der Geschmack der Beeren ist sehr kräftig. Eine Flasche Apfelsaft macht die Suppe etwas lieblicher.

Foto: LAND&MEER. Wikipedia

Schwarze Magie

Kaum einem Gericht werden so viele Kräfte nachgesagt, wie der Fliederbeersuppe. Sie hilft nicht nur gegen Erkältungen, sie lindert auch Magenverstimmungen und sogar Erkrankungen des Herzens. Ob es stimmt, muss man ausprobieren. Aber allein der herrlich fruchtige Geschmack wird so manchen wieder auf die Beine bringen.

Im Mai lockt der fruchtige Duft der Holunderblüten, während im Monat September die dunklen Früchte ihren Reiz haben. Bei den Germanen galt der Holunderstrauch als heilkräftig und als guter Schutz gegen allerlei bösen Zauber, weshalb er häufig in der Nähe der Häuser und Ställe gepflanzt wurde. Fliederbeeren, wie die dunklen Früchte bei uns genannt werden, obwohl der Strauch nichts mit dem eigentlichen Flieder zu tun hat, der im Mai bei uns in riesigen Hecken weiß und violett blüht, werden gerne gesammelt und zu Saft verarbeitet. Da die Holundersträucher gerade in den schleswig-holsteinischen Knicks häufig zu finden sind, lohnt es sich kaum, die Beeren

Fliederbeeren heißen nur so. Mit dem Flieder haben sie nichts zu tun

zu kaufen. Die Ernte geht schnell und ist ergiebig, denn die großen Dolden tragen jeweils viele Früchte. Wegen des Standortes der Fliederbeerbüsche hier im Norden, heißt diese leckere Suppe mancherorts auch einfach „Knicksupp". Wer seine Beeren nicht selber erntet, der findet heute in fast jedem Supermarkt fertig abgepackten Fliederbeersaft, der natürlich genauso zu Suppe verarbeitet werden kann. Dann fehlen eigentlich nur noch einige schöne säuerliche Äpfel, die aber zur Erntezeit der Beeren auch gerade frisch geerntet angeboten werden.

Gut gegen Erkältung – ein Teller Fliederbeersuppe mit Grießklößen

Wenn die Fliederbeersuppe als Nachtisch gereicht wird, gibt es sie mit Klößen, zum Beispiel aus Grieß oder aus Brandteig. Kommt die Suppe als Hauptgericht auf den Tisch, dann darf eine Portion Bratkartoffeln nicht fehlen. So wurde sie schon zu Theodor Storms Zeiten in Husum gegessen. Wer eine Erkältung herannahen sieht, tut gut daran, eine ordentliche Portion zu essen und sich dann zum Schwitzen ins Bett zu legen. Die heilsamen Kräfte der Suppe werden Wunder bewirken, und am nächsten Tag ist die Grippe so gut wie vergessen.

Fliederbeersuppe

Mit Apfelstückchen und Grießklößen

Zutaten
(für vier Personen):
2 l Fliederbeersaft
1 Flasche Apfelsaft
1 Zitrone
4 säuerliche Äpfel (Boskoop)
200 g Zucker
1 Zimtstange
3 Nelken
1 EL Maismehl

Grießklöße:
½ l Milch
200 g Grieß
1 EL Butter
1 Ei
Salz
geriebene
Zitronenschale

Zubereitung:
Die Äpfel schälen und in kleine Stücke schneiden. Den Fliederbeersaft mit dem Apfelsaft, den Gewürzen und dem Zucker erwärmen. Die vorher in etwas Wasser und Zucker gekochten Apfelstücke hinzugeben.

Grießklöße:
Die Milch mit der Butter, und der Zitronenschale aufkochen, von der Flamme nehmen und den Grieß langsam hineinrühren. Dann das Ei unterrühren und die Masse erkalten lassen. Mit zwei Löffeln aus dem Grieß Klöße formen und in Salzwasser vorsichtig gar ziehen lassen.

Servieren:
Die Suppe kommt mit den Apfelstückchen und den Grießklößen in einer großen Terrine auf den Tisch.

Der Eischnee tröstete uns Kinder über die verhassten Froschaugen hinweg. Damals wurden die Sagokörner, zum Binden der Suppe benutzt.

Der Wein in der Suppe

Mit Wein kennen sich die Norddeutschen aus. Immerhin gibt es schon seit dem 13. Jahrhundert rege Handelsbeziehungen zwischen der Hansestadt Lübeck und der französischen Weinregion um Bordeaux. „Lübecker Rotspon" ist nicht ohne Grund weit über die Landesgrenzen hinaus bekannt. Kein Wunder, dass hierzulande Wein sogar in Suppen verkocht wurde.

Der Dichter Theodor Storm war von eigentlichem Beruf Advokat und hatte in Rechtsangelegenheiten viel in Nordfriesland auf den Bauernhöfen zu tun. Dort wurde seinem Magen dann, wie er schreibt, das ländliche Festmahl, „Graupenweinsuppe mit gekochtem Schinken" zugemutet, was seine „kranken Magennerven

Eischneeflocken müssen auf der Suppe schwimmen, dann ist sie richtig

nicht vergnügt hat". In den Städten ging es nicht ganz so rustikal zu. Weinsuppe war hier eher ein Nachtisch und wurde mit kleinen Eischneeflocken serviert. Das Rezept hat sich bis in die heutige Zeit gehalten. Bei meiner Oma, bei der nach jedem Mittagessen ganz selbstverständlich ein Nachtisch serviert wurde, gehörte Weinsuppe zum Standard. Viel Wein kann in der Suppe aber nicht gewesen sein, denn auch wir Kinder bekamen unseren Teller. Es war allerdings nicht immer die reine Freude, denn in der Suppe schwammen die „Froschaugen", Sagokörner, die zum Binden der Suppe benutzt wurden. Sago, das Mark der Sagopalme, lieferte die nötige Stärke zum andicken. Heute wird es gerne durch Maismehl ersetzt. Aber original ist das natürlich nicht. Hauptbestandteil der Suppe war Johannisbeersaft, der im Sommer aus den reifen

Die letzten Reste der Saftproduktion wurden für die Weinsuppe benutzt

Beeren hergestellt wurde. Der letzte Rest Saft, der nicht mehr auf Flaschen gezogen wurde, musste für die Suppe herhalten, die dann am nächsten Mittag Punkt zwölf Uhr auf den Tisch kam. Weinsuppe heißt dieses Gericht nur, weil es mit einem ordentlichen Schuss lieblichem Weiß- oder Rotwein abgeschmeckt wurde. Für uns Kinder zählten sowieso nur die leckeren süßen Eischneeflocken, die auf der Suppe schwammen. Die Sommersuppe wurde bei uns an heißen Tagen gern kalt serviert.

Weinsuppe mit Eierschneeflöckchen

Wie meine Oma sie zubereitete

Zutaten
(für vier Personen):
1 l Johannisbeersaft auf
Trinkstärke verdünnt
½ l lieblicher Wein
(Weiß- oder Rotwein)
ca. 200 g Zucker
(nach Geschmack)
1 ungespritzte Zitrone
1 Päckchen Vanillezucker
1 Zimtstange
1 Hand voll Rosinen
1 EL Maismehl
2 Eier

Zubereitung:
Die Zitrone dünn schälen und die Schale zusammen mit dem Johannisbeersaft erhitzen. Den Rotwein, die Rosinen und die Zimtstange dazugeben und mit dem Zucker und dem Vanillezucker abschmecken. Mit dem Maismehl etwas andicken.

Grießklöße:
Die Eier sauber trennen. Das Eiklar lässt sich besser aufschlagen, wenn es nicht mit Eigelb verunreinigt ist. Das Eiweiß mit etwas Zucker sehr steif schlagen.

Servieren:
Die Suppe wird in Tellern aufgetragen. Vor dem Servieren werden mit einem Teelöffel aus dem Eischnee kleine Flöckchen geformt und auf die Suppe gesetzt. Für die Kinder einige mehr.

Der Rotwein gab der Suppe Gehalt, die Klöße machten satt. Die Bickbeeren für die Kaltschale kamen direkt aus den Hinterhöfen.

Der Nachtisch der Arbeiter

Barmbek ist ein Hamburger Stadtteil, der bei den Westendlern und feinen Leuten an der Alster eher einen zweifelhaften Ruf genießt. Ob es am Benehmen der Jugendlichen lag oder am legendären „Lord von Barmbek", ist nicht mit Sicherheit zu beantworten. Die vorzügliche Barmbeker Bickbeerkaltschale war es jedenfalls nicht.

In den 20er-Jahren des vorigen Jahrhunderts war Barmbek ein Stadtteil, in dem besonders viele Hafenarbeiter in einfachen Verhältnissen lebten. Sie fuhren mit der gerade fertig gestellten U-Bahn zur Schicht an die Elbe und versahen ihren Dienst beim Be- und Entladen der Seeschiffe, arbeiteten als Schuten und Ewerführer oder auf

Berühmter als die Bickbeerkaltschale war der „Lord von Barmbek"

den großen Werften. Berühmt über die Grenzen der Stadt hinaus wurde Barmbek durch Julius Adolph Petersen, der wegen seines gediegenen Aussehens auch „Lord von Barmbek" genannt wurde. Mit seinem „Knabbergeschirr", wie er seine Tresorknacker-Ausrüstung nannte, rückte er den Hamburger Geldschränken zu Leibe, und seine „Barmbeker Einbrechergesellschaft" mit bis zu 200 Mitgliedern versetzte die Hamburger Kaufleute in Angst und Schrecken. Die Barmbeker Arbeiterschaft hatte die Kaufleute schon im Kaiserreich in Angst und Schrecken versetzt, als sie 1896 zum Streik der Hafenarbeiter aufrief, weil die Löhne, so niedrig waren, dass es zum Leben kaum reichte. Gegessen werden musste damals mehr als einfach. Auf den Tisch kamen Kartoffeln aber kaum Fleisch. Wenn es am Sonntag Nachtisch gab, dann durfte das auch nicht viel kosten. Die Bickbeersträucher in den Hinterhöfen mussten herhalten. Der Experimentierfreude der Hausfrauen ist die Barmbeker Bickbeerkaltschale zu verdanken, die wenigstens in der Region die gleiche Berühmtheit erlangt hat wie der Lord. Wobei niemand genau weiß, ob der die Kaltschale jemals probiert hat.

Die Bickbeeren wuchsen in jedem der Barmbeker Hinterhöfe

Barmbeker Bickbeerkaltschale

Mit Quark-Klüten, wie sie heute gegessen wird

Zutaten
(für vier Personen):

1 kg Bickbeeren (Blaubeeren) oder TK-Ware oder Bickbeeren aus dem Glas
1 Flasche Rotwein
1 ungespritzte Zitrone
1 Zimtstange
150 g Zucker

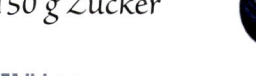

Klüten:
125 g Quark
1 Ei
2 EL Grieß
1 Päckchen Vanillezucker
1 TL Zitronensaft

Zubereitung:
Die Zitrone dünn schälen. Die Beeren in etwas Wasser mit der Zitronenschale, dem Zucker und der Zimtstange zu einem Mus einkochen und am Ende durch ein Sieb streichen. In den so gewonnen Saft den Rotwein hineinrühren und das Ganze kalt stellen.

Grießklöße:
Den Quark mit dem Eigelb, Grieß und Vanillezucker zu einem Teig verrühren und ordentlich quellen lassen. Das Eiweiß zu Eischnee verschlagen und mit einem Küchenspachtel vorsichtig unterheben. Mit dem Zitronensaft abschmecken und mit zwei Teelöffeln kleine Klöße formen. Diese in heißem Salzwasser gar ziehen lassen, bis sie oben schwimmen.

Servieren:
Die Klöße werden mit der Suppe zusammen in einer großen Terrine serviert.

Zur Rhabarbergrütze gehören Sahne, Milch oder Vanillesauce. Sie schützen den Zahnschmelz vor der Säure des Rhabarbers.

Sauer macht lustig

Zeitgleich mit dem Spargel wird in Norddeutschland der Rhabarber reif. Die langen grün-roten Stängel sind zwar recht sauer, lassen sich aber sehr einfach zu einer fruchtig frischen Grütze verarbeiten, die in den ersten warmen Frühsommertagen gerne als Dessert serviert wird.

Eigentlich gehört die fruchtige Rhabarbergrütze mit Milch zu den Klassikern der norddeutschen Küche. Dabei soll es den gewerbsmäßigen Anbau der großblättrigen Pflanze erst seit 1848 geben. Es heißt, ein Bauer aus Kirchwerder vor den Toren Hamburgs ist auf die Idee gekommen, dieses schon im Frühjahr

Freiland-Rhabarber wird in Norddeutschland bis zum 21. Juni geerntet

reife Staudengemüse zu vermarkten. Schnell traten die sauren Vitamin-C-haltigen Stängel dann ihren Siegeszug an und sind heute aus der traditionellen Küche nicht mehr wegzudenken. Schon vor 5.000 Jahren kannten die Tibeter die gesundheitsfördernde Wirkung des Rhabarbers. Sie fertigten aus den Wurzeln der in der Steppe wachsenden Pflanze eine Medizin gegen Darmträgheit. Sogar gegen die Pest wurde das Mittel verabreicht. Der lateinische Name „Rheum rhabarbarum", was übersetzt ungefähr „Wurzel der Barbaren" heißt, geht wohl auf die Zeit vor 5.000 Jahren zurück. Erst ganz allmählich, in der Mitte des 18. Jahrhunderts, gelangte der Rhabarber über Russland und Persien bis nach England, wo man die sauren, fleischigen Stängel als Gemüse verzehrte. Unseren Freiland-Rhabarber gibt es von April bis zum Johannistag auf den Märkten. Am Tag der Sommersonnenwende, am 21. Juni, wird die Ernte eingestellt. Danach ist der Oxalsäure-Gehalt der Pflanze zu hoch. Weil die Oxalsäure den Zahnschmelz angreift, wird Rhabarber gerne mit Milch, Sahne oder Vanillesauce angeboten. Zusammen mit dem Calzium aus den Milchprodukten bildet sich im Mund Calziumoxalat, das dann das stumpfe, pelzige Gefühl auf den Zähnen hinterlässt. Die Verarbeitung von Rhabarber ist ganz einfach, die Enden der Stängel werden am Blatt- und am Wurzelansatz abgeschnitten. Die langen Stiele lassen sich einfach enthäuten und werden danach klein geschnitten. Lange kochen muss man die Rhabarberstücke nicht. Sie zerfallen sehr schnell. Wer zum Süßen auf zu viel Zucker verzichten möchte, fügt Erdbeeren hinzu. Sie sind süß, geben der Grütze eine kräftige rote Farbe und sind zum Ende der Rhabarbersaison auch schon auf dem Markt.

Erdbeeren statt Zucker – sie passen hervorragend zur Rhabarbergrütze

Erdbeer-Rhabarbergrütze

Die ersten frischen Sommerfrüchte

**Zutaten
(für vier Personen):**
500 g Rhabarber
500 g Erdbeeren
1 l Johannisbeersaft
125 g Speisestärke
250 g Zucker
Schlagrahm oder Milch
oder Vanillesauce

Zubereitung:

Rhabarber gründlich waschen, die Stiele an den Enden abschneiden. Wenn man vorsichtig schneidet, lässt sich die Haut der Stiele großflächig mit entfernen. Rhabarber in kleinen Stücken in einen Topf geben. Die Erdbeeren gründlich waschen und die grünen Blütenansätze entfernen. Die Früchte vierteln. Den Rhabarber zusammen mit dem Saft zum Kochen bringen, dabei ständig rühren, damit nichts überkocht. Bitte nach Geschmack zuckern. Zum Schluss die mit etwas Wasser glattgerührte Speisestärke unterrühren und etwas abbinden lassen. Jetzt die Erdbeeren hinzugeben, unterrühren und alles in eine Schüssel umfüllen und kalt stellen.

Servieren:

Die Grütze in einer Schüssel auftragen und geschlagene Sahne, Milch oder Vanillesauce dazureichen.

Unter dem Sahne-
schleier verbirgt das
Bauernmädchen
seine Köstlichkeiten.

Liebe auf den zweiten Blick

Sie ziert sich etwas, die Deern, versteckt ihre Reize und will, dass man sie
Schicht für Schicht entdeckt. Erst muss man den Schleier heben, um dann
ihr wahres Wesen zu entdecken. Das verschleierte Bauernmädchen ist aus
Dänemark eingewandert. Dort heißt es „Dänischer Apfelkuchen".

Deutsche Feriengäste sind manchmal etwas verwundert, wenn sie in einem dänischen Restaurant den „dänischen Apfelkuchen" bestellen und die Kellnerin dann mit Gläsern kommt, in denen der „Apfelkuchen" in Schichten liegt und keineswegs gebacken ist. Beim Überwechseln über die Grenze nach Schleswig ist der deutsche Name

Die Namen für den Apfelkuchen im Glas sind regional unterschiedlich

für diese leckere Nachspeise entstanden: „Verschleiertes Bauernmädchen". Weil man erst den Sahneschleier anheben muss, um auf das darunter liegende Apfelkompott zu stoßen. Bei der Wanderung nach Süden wurde wiederum aus dem Bauernmädchen die „Götterspeise", jedenfalls in Mecklenburg-Vorpommern und Friesland. Vom Rezept her hat sich eigentlich wenig geändert. Es ist ein Nachtisch, der aus dem gezaubert wurde, was gerade im Haus war, nämlich Brot.

Je nach Region ist alles möglich, von Bauernbrot über Schwarzbrot bis hin zu Pumpernickel. Auch die Fruchteinlage variiert. Je nach Jahreszeit und Region verwendet man Apfelmus, Johannisbeergelee oder Preiselbeeren. Selbst der Held der deutschen Hausfrauen in den fünfziger Jahren, Clemens Wilmenrod, mit bürgerlichem Namen Carl Clemens Hahn aus der Gemeinde Wilmenrod im Westerwald, hatte eine Variante des

Clemens Wilmenrod brachte das „Verschleierte Bauernmädchen" ins Fernsehen

„Dänischen Apfelkuchens" im Repertoire: „Schwarzbrotspeise Alice", womit schon klar ist, welches Brot er verwendete.

Das „Verschleierte Bauernmädchen" ist schnell hergestellt. Apfelmus kochen und kalt stellen, im Brotkasten nach altbackenem Brot schauen, es zwischen den Fingern verreiben, in der Pfanne mit etwas Butter kross braten und mit Zucker karamellisieren. Sahne schlagen und alles übereinander in ein Glas schichten. Schokoladen-Raspel oder geröstete Mandeln darüber streuen und fertig ist der leckere Nachtisch mit den vielen Namen.

Verschleiertes Bauernmädchen

Wie es in Angeln serviert wird

Zutaten
(für vier Personen):
4 bis 5 säuerliche Äpfel
(Boskoop oder Cox Orange)
oder 1 Glas Apfelmus
2 EL Zucker
1 Stange Zimt
2 EL Butter
6 Scheiben zerbröseltes Brot
2 EL Puderzucker
1 Päckchen Vanillezucker
1 Glas Johannisbeergelee
Schokoladenraspel

Zubereitung:
Die Äpfel schälen, entkernen, klein schneiden, mit dem Zucker und dem Zimt zu Mus verkochen und kalt stellen. Das Brot zerbröseln und mit der Butter in einer Pfanne knusprig braten, den Puderzucker darüber streuen und karamellisieren lassen. Danach abkühlen lassen. Die Sahne mit dem Vanillezucker steif schlagen. Die einzelnen Zutaten in Gläser schichten, zuerst die Brotkrümel, dann das Apfelmus, dann die Sahne, und dann wieder von vorn beginnen.

Den Abschluss bildet der Sahne-Schleier, auf den noch ein Klacks Johannisbeergelee kommt.

Servieren:
Mit den Schokoladenraspeln bestreuen und in den Gläsern servieren.

Die Trinkkultur im

Die Getränke im Norden sind kräftig und geschmackvol

Norden

Hell und klar nach dem Menü oder etwas versteckt im Kaffee oder Punsch. Der hochprozentige Klare hilft bei der Verdauung und der braune Rum erwärmt an kalten Tagen die Seele.

Die Klaren aus dem Norden

Sie sind weiß oder gelb, sie heißen im Volksmund „Köm" oder einfach nur „Klarer". Die meisten erhalten ihren Geschmack durch den Zusatz von Kümmel bei einigen gehört Dill dazu, bei anderen wiederum Wacholder. Allesamt sind sie heute – und das war nicht immer so – Spitzenerzeugnisse, die leider meistens viel zu kalt getrunken werden.

Foto: LAND&MEER

Die Verteiler gehören zum festen Bestandteil eines norddeutschen Menüs. Sie schmecken gut und fördern die Verdauung.

oft großen Portionen aber auch schnell für ein entsprechendes Völlegefühl. Dagegen, und das wussten schon die Altvorderen, hilft ein würziger, kleiner Schnaps, im Volksmund wegen seiner Wirkung auch gern Verteiler genannt. Die meisten von ihnen erhalten ihren guten Geschmack durch den Zusatz

Schnäpse eiskalt trinken ist eine Unsitte. Dafür sind sie viel zu lecker

von Kümmel, daher der Name „Köm". Dazu gehören alle Aquavitsorten. Die gelblichen Aquavite erhalten ihre Farbe durch den Zusatz von Dill und die Lagerung in alten Eichenfässern. Aquavit – Wasser des Lebens – kommt heute im Wesentlichen aus Dänemark und Norwegen, während in Mittelholstein der schlichte, aus Weizen hergestellte Korn erzeugt wird. In Friesland hingegen trinkt man eher Genever, der aus den Niederlanden kommt und seinen Geschmack durch den Zusatz von Wacholder erhält. Alle Schnäpse werden aus reinem, 96-prozentigem Alkohol hergestellt, der aus Getreide oder Kartoffeln gewonnen wird. Der Geschmack entsteht erst durch die Zusätze und durch die Lagerung, zum Beispiel in alten Sherryfässern, oder durch – man mag

Das klassische norddeutsche Gericht kommt gerade für heutige Verhältnisse eher deftig daher. Butter, Speck, Schinken, Schweinebacke oder Aal. An Fett wird wirklich nicht gespart, deshalb sind die Gerichte ja auch so schmackhaft. Fett ist eben ein guter Geschmacksträger. Gleichzeitig sorgen die es kaum glauben – die Schaukelei beim Transport auf See. Wenn früher durch den Zusatz von Gewürzen der etwas raue, fuselige Geschmack des Schnapses übertönt werden sollte, so sind heute alle Verteiler, die zum Essen gereicht werden, hochwertige Spitzenprodukte. Die Unsitte, diese Schnäpse eiskalt zu trinken stammt wohl noch aus dieser Zeit. Nötig ist es keinesfalls.

Der wahre Geschmack entfaltet sich bei Zimmertemperatur und, wenn der Verteiler in

Viel hilft wenig – Ein Verteiler für die Verdauung ist genug

kleinen Schlucken genossen wird, nicht auf ex. Außerdem haben Wissenschaftler in mehreren Studien festgestellt, dass es schnell zu viel des Guten werden kann. Reichlich genossen bewirken die Verteiler genau das Gegenteil von dem, was sie eigentlich sollen, nämlich die Verdauung fördern. Halten wir es also einfach mit dem deutschen Aphoristiker Gerhard Uhlenbruck: „Wer zuviel Korn trinkt, hat am Ende nur noch Stroh im Kopf."

Verteiler

Eine Auswahl der bekanntesten Verteiler, die in Norddeutschland getrunken werden

Aquavit

Malteserkreuz Aquavit und Aalborger Jubiläums Aquavit aus Dänemark von den Danske Spritfabrikker. Sie wurden bis 2011 in Buxtehude bei Hamburg hergestellt, heute kommen sie aus Aalborg in Dänemark.

Linie Aquavit aus Norwegen

Jede Flasche reist einmal mit einem Frachtschiff über die Linie, den Äquator, und wieder zurück nach Norwegen. Erst auf See erhält der Aquavit seinen besonderen Geschmack.

Kümmelbranntwein

Helbing, Hamburger Kümmel. Es ist der meist getrunkene Kümmelschnaps in Norddeutschland und wird im Hamburger Rathaus bei offiziellen Anlässen gereicht.

Bommerlunder

Das Rezept stammt aus einem dänischen „Kroo" in Bommerlund nördlich von Flensburg.

Kornbranntwein

Oldesloer Korn, gebrannt in Oldesloe in Mittelholstein. Er wird aus Getreide erzeugt.

Genever

Er stammt aus den Niederlanden und wird in Friesland gern getrunken. Neben anderen Gewürzen sorgt Wacholder für den typischen Geschmack.

Eiergrog, die beliebte Helgoländer Spezialität – Zuckerei mit Rum und heißem Wasser.

Foto: LAND&MEER

Wasser kann, Rum muss

Nebel, Sturm und Regen: Herbst und Winter können lang werden an der Küste. Da ist man froh, wenn man ins Trockene kommt und wenn es dann noch etwas Wärmendes zu trinken gibt. In ganz Norddeutschland werden Getränke auf Rum-Basis gerne verabreicht. Rum gab es dank der Flensburger Handelskontore schon immer in jedem Haushalt.

Auf die Einfuhr von echtem karibischem Zuckerrohr-Rum lagen schon immer hohe Zölle und Steuern. Für die Flensburger Handelshäuser die den Überseehandel mit ihren großen, schnellen Rahseglern betrieben, wäre der Rumhandel über den Atlantik eigentlich kein gutes Geschäft geworden. Doch man kam auf die Idee einen

German Flavoured Rum war hochprozentig und günstig in der Einfuhr

speziellen „German flavoured Rum" für den Gebrauch auf dem Kontinent herstellen zu lassen. Der hochprozentige „pure rum" wurde dann mit dem besonders weichen Flensburger Wasser und dem heimischen Agraralkohol nach geheimen Rezepten auf Trinkstärke verschnitten. Der Anteil des reinen Rums muss heute gerade fünf Prozent betragen, aber sein Anteil scheint auszureichen, um den vorzüglichen Flensburger Rumsorten auch weiterhin, trotz Bacardi und anderen westindischen Rumsorten, einen guten Marktanteil zu gewähren. Vielleicht liegt es auch daran, dass der Flensburger Rum in den verschiedensten Rezepten heiß getrunken wird, wobei er seinen Geschmack besonders gut entfalten kann.

Pharisäer – Rum unter dem Deckmantel der Sahnehaube auf dem Kaffee

Ein Beispiel dafür ist der bei den Urlaubsgästen besonders geschätzte „Pharisäer", starker, gesüßter Kaffee mit Rum und einer ordentlichen Portion Sahne darauf. Seinerzeit sollte die Sahne verhindern, dass der Nordstrander Inselpastor seinen Schäfchen auf die Schliche kam. Die hatten nämlich heimlich Rum in ihren Kaffee gegossen und den verräterischen Zustand des Getränks unter eine Haube Sahne versteckt. Als der Pastor den Insulanern auf die Schliche kam, weil die Stimmung bei einer Kindstaufe immer heite-

Der Pharisäer – er erhielt seinen Namen, bei einer Kindstaufe auf Nordstrand.

rer wurde, soll er gerufen haben: „Ihr Pharisäer". Damit hatte das leckere Getränk seinen Namen weg.

Eiergrog, wie er auf Helgoland aber auch in Mecklenburg-Vorpommern getrunken wird, ersetzt den Kaffee einfach durch ein Zuckerei, ein mit Zucker zu einer dicklichen Creme aufgeschlagenes Eigelb. Sonst bleibt alles beim alten: „Wasser kann, Rum muss".

Pharisäer und Eiergrog

Wie er auf Nordstrand getrunken wird

Zutaten (für eine Portion):
heißer, starker Kaffee
Würfelzucker
4 cl Rum
Schlagsahne

Servieren:
Den heißen Kaffee mit Zucker stark süßen und in einen Becher füllen, den Rum hineingießen und einen ordentlichen Klacks Sahne daraufgeben.

Wie er auf Helgoland getrunken wird

Zutaten (für eine Portion):
1 Ei
Rum
Wasser
Zucker

Servieren:
Das Ei trennen und das Eigelb mit Zucker zu Zuckerei verschlagen, nach Geschmack Rum hineinrühren und mit heißem Wasser auffüllen.

Kinder trinken Punsch aus Apfelsaft, bei den Erwachsenen gehört ein ordentlicher Schuss Rum dazu.

Der süße indische Zauber

Fünf Zutaten enthält ein guter Punsch. Nichts anderes besagt das Wort Punsch, das aus der Sprache der Hindus stammt. Englische Seeleute haben das Getränk nach Europa gebracht. Besonders in Friesland wird Punsch getrunken – und zwar heiß.

Als die englischen Ostindienfahrer nach langer Seereise wieder an Land gingen und in den Hafenspelunken erstmals nach ihrem neuen Lieblingsgetränk, dem „punch", verlangten, wussten sie sicher nicht, dass sie dem süßen Heißgetränk zu einer rasanten Karriere in ganz Europa verhalfen. In seiner ursprüng-

Eine Regel gibt es nicht, aber fünf Zutaten gehören zu einem richtigen Punsch

lichen Form wurde der Punsch schon im Jahre 1735 in Johann Heinrich Zedlers „Großem vollständigen Universal-Lexicon Aller Wissenschaften und Künste" erwähnt. Die gelungene Mischung aus den fünf Zutaten, Branntwein, Wasser, Zucker, Pomeranzensaft und Muskatnüssen wurde mit der Zeit variantenreich weiterentwickelt. Eine strikte Regel für die Punschzubereitung hat es nie gegeben und so wurde viel experimentiert mit dem, was zur Verfügung stand. Die einen brühten einen Tee auf, der dann dementsprechend gewürzt wurde, die anderen nahmen Rum oder Arrak statt Branntwein. Auch Rotwein, Fliederbeer- oder Apfelsaft eignen sich bestens. An der friesischen Küste mischt man Tee mit „geelem Köm", einem gelben Kümmel, den es in der Region überall zu kaufen gibt. Auch die berühmte Feuerzangenbowle ist in Wirklichkeit gar keine Bowle. Sie ist ein Punsch, bei dem der hochprozen-

Auch die berühmte Feuerzangenbowle war in Wirklichkeit ein Punsch

tige Rum brennend einen Zuckerhut zum Schmelzen bringt und damit dem gewürzten Rotwein das nötige Feuer gibt. Egal welches Rezept man auch immer zubereitet, wichtig ist, dass der Punsch heiß serviert wird, damit sich die Gewürze und das Aroma des Alkohols voll entfalten können, aber kochen darf er nicht. Wie sich die Zubereitung des Punsches über die Jahrhunderte geändert hat, zeigt sich, wenn man in Friesland Teepunsch bestellt, der je nach Küstenstrich nur aus Tee mit einer gehörigen Menge Köm, Rum oder Arrak besteht, und damit gar kein richtiger Punsch ist.

Punsch

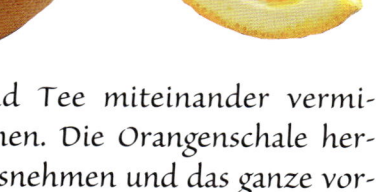

Mit fünf Zutaten - wie es sich gehört

Zutaten (für vier Personen):
2 ungespritzte Orangen
2 ungespritzte Zitronen
1 l starker Assam-Tee
½ l Flensburger Rum
150 g brauner Kandiszucker

Zubereitung:
Die Orangen mit einem Sparschäler dünn schälen. Den Saft der Früchte in ein geeignetes Gefäß füllen, die Orangenschale hineinlegen und mit dem Rum aufgießen. Gut zwei Stunden ziehen lassen. Den Tee sehr stark aufbrühen und den Kandiszucker darin auflösen. Saft und Tee miteinander vermischen. Die Orangenschale herausnehmen und das ganze vorsichtig erhitzen.

Servieren:
Zum Trinken eignen sich Tee- oder Groggläser. Als Verzierung eine Orangenscheibe auf den Rand stecken.

Alkoholfreier Apfelpunsch – den mögen auch die Kinder

Zutaten (für vier Personen):
1 l naturtrüber Apfelsaft
1 Zitrone
1 herzhafter Apfel (Boskoop oder Cox Orange)
2 Stangen Zimt
2 oder mehr EL Honig

Zubereitung:
Den Apfel schälen, entkernen und in kleine Scheiben schneiden. Die Zitrone auspressen. Alles zusammen mit dem Apfelsaft erhitzen und die Zimtstangen hineingeben. Mit dem Honig süßen.

Servieren:
In großen Bechern servieren und den Honig zum nachsüßen auf den Tisch stellen.

Bis zu dreißig verschiedene Assam-Sorten werden heute für einen Ostfriesentee vermischt.

Foto: LAND&MEER

Das Kultgetränk der Küste

Goldbraun, auf dem Grund ein Kluntje und im Tee versenkt ein Löffelchen Sahne. Das Ganze in einer dünnen Porzellantasse genießen, die mit einer Pfingstrose verziert ist. So wird in Ostfriesland Tee getrunken, denn für die Bewohner des Küstenstrichs zwischen Ems und Jade ist der Tee nicht nur ein Getränk, sondern althergebrachte Lebensart.

Friedrich der Große hatte nicht immer Glück mit seinen Plänen. Während es ihm gelang, Preußen zur Großmacht zu entwickeln, so wollten ihm in den zivilen Bereichen längst nicht alle Pläne gelingen. So konnten sich seine Untertanen nicht nur nicht mit der Einführung der Kartoffel anfreunden. Auch der Versuch eines

Der Auricher Tee-Erlass blieb wirkungslos. Tee ist das ostfriesische Nationalgetränk

Teeverbots in Ostfriesland misslang gründlich. Statt des „chinesischen Drachengiftes", wie er es nannte, sollten die Ostfriesen lieber Zitronenmelissentee oder noch viel lieber Bier trinken. Doch der „Auricher Tee-Erlass" zeigte keine Wirkung, so dass er sein Vorhaben aufgeben musste.

Das Teetrinken ist in Ostfriesland seit Jahrhunderten fest verwurzelt und gehört so zu den Menschen, wie die Deiche an die Küste. Der Tee kommt heute im Wesentlichen aus dem Norden Indiens. Hier wächst auf Flachlandplantagen der würzige Assamtee, während der Darjeeling aus dem Gebirge kommt. In den großen Teekontoren Ostfrieslands ist es die Aufgabe der „tea taster", für die richtige Mischung des Ostfriesentees zu sorgen.

Er kann aus verschiedenen Teesorten bestehen, die zusammen den Geschmack abrunden. Dabei darf nur in Ostfriesland gemischter und verpackter Tee „Ostfriesentee" heißen. Alle anderen sind „ostfriesische Mischungen".

Mit dem Silberlöffel wird die Rahmwolke in den Tee gesetzt

Dreimal am Tag wird in Ostfriesland Tee getrunken. Aufgebrüht wird der Tee direkt in der Kanne, die mit sprudelnd kochendem Wasser zur Hälfte gefüllt wird. Pro Tasse gehört ein Löffel Tee in die Kanne und zum Schluss noch einer für die Kanne. Nach drei bis vier Minuten wird die Kanne dann ganz aufgefüllt und der Tee, durch ein kleines Sieb in die Tasse gegossen. Sehr beliebt und teilweise uralt sind die Teekannen und Tassen mit dem Motiv der Pfingstrose. Es gibt noch heute in manchen Haushalten Kannen, die aus der Zeit der „Königlich preußisch-asiatischen Handelskompagnie" stammen, die vor über 200 Jahren das Porzellan aus China zusammen mit dem Tee importierte.

Wichtig für den richtigen Ostfriesentee ist das Kluntje, ein Stück Kandis am Boden der Tasse. Darüber wird der heiße Tee gegossen, so dass der Zucker knisternd zerspringt. Richtig vollständig ist der Teegenuss erst, wenn mit dem „Rohmlepel", dem Sahnelöffel ein „Wulkje Rohm" in den Tee gesetzt worden ist. Und Achtung: Niemals umrühren. Der wahre ostfriesische Teekenner trinkt den Tee in Schichten, erst den reinen etwas malzig herben Assam oben in der Tasse, dann die Mittelschicht, cremig zart mit dem Rahm und zum Schluss den süßen Rest vom Boden.

Ist man in Ostfriesland zum Tee trinken eingeladen, dann sind drei Tassen Pflicht. Erst dann darf man den Löffel in die Tasse stellen und andeuten, dass nicht mehr nachgeschenkt werden soll.

Ostfriesentee

So wie er seit Jahrhunderten getrunken wird

Zutaten (für vier Personen):

Ostfriesentee oder ostfriesische Teemischung
Wasser
Kandis, am besten die großen, braunen Kluntjes
Sahne

Zubereitung:

Für jede Tasse einen Löffel Tee in die Kanne geben und einen zusätzlich für die Kanne. Etwas sprudelndes Wasser aufgießen und den Tee drei bis vier Minuten ziehen lassen. Danach die Kanne mit kochendem Wasser auffüllen.

Servieren:

Wichtig ist ein Sieb, um beim Einschenken die Teeblätter aus der Kanne zurückzuhalten. Kandis muss auf dem Tisch stehen und ein Töpfchen mit Sahne.

Der Kuchen darf ni

Zu Tee und Kaffee werden schwere Klaben und sahnige

nt fehlen

Gehaltvolll und lange lagerfähig, oder schnell aus der Pfanne gezaubert. Das süße Nachmittagsgebäck gehört zur norddeutschen Gemütlichkeit.

en gereicht

Die süßen Krapfen sind die Vorläufer der heutigen Berliner. Gefüllt werden sie mit Rosinen oder Apfelstückchen.

Süße Ballen

Förtchen, Futjes, Brunklüten. Das sind noch lange nicht alle Namen für das süße Wintergebäck. Weiter geht es mit Appelkoken, Ossenooge und Aebleskiver, und selbst das sind noch nicht alle. Die in der Pfanne ausgebackenen Krapfen wurden eben an der ganzen Küste gerne gegessen.

In einigen wenigen Gegenden bei uns an der Küste wird Sylvester noch Rummelpott gelaufen. Ein alter Brauch, bei dem bunt bemalte und verwegen verkleidete Kinder an der Haustüre klingeln und begleitet von wildem Getrommel auf alten Eimern und Töpfen ihr Lied singen: „Rummel, Rummel Rögen, giv mi Appel-

Zu Sylvester wird heute noch Theodor Storms Lied von den Appelkoken gesungen

kögen ..." Heute freuen sie sich über einen Euro als Belohnung, früher, als noch auf aufgeblasenen Schweinsblasen, statt auf Töpfen getrommelt wurde, erwarteten sie genau das, was sie im Lied besangen: leckere mit Zucker bestreute Krapfen, mal mit Rosinen, mal mit Apfelstücken gefüllt. Der Text des Liedes stammt in seiner Urform von Theodor Storm und wird überall ein wenig anders gesungen, aber das Ziel der Begehr sind immer die kleinen süßen Teigbällchen, die auch Theodor Storm so gerne aß. Eigentlich kannte man die Krapfenbäckerei schon im römischen Reich. Seither werden sie in allen Formen und Variationen hergestellt. Dazu gehört eine spezielle Pfanne mit vier oder sieben Vertiefungen, manchmal auch Ochsenaugenpfanne genannt, in die der Teig gefüllt wird. Früher wurde sie direkt über

Die süßen Krapfen werden in einer Spezialpfanne mit Vertiefungen ausgebacken

dem offenen Feuer in die Ofenringe gehängt. Heute hat sie einen glatten Boden und passt auf jeden Elektroherd. In den letzten Jahrzehnten wurden die Krapfen von in heißem Fett schwimmend ausgebackenen Berlinern verdrängt, so dass die Original-Krapfen fast nur noch an der Küste gebacken werden. Nur in den Niederlanden steht eine Variante immer noch sehr hoch im Kurs, die „Poffertjes", die auf einer großen Gusseisenplatte mit Vertiefungen gebacken und mit einer Gabel gewendet werden.

Förtchen/Futjes/Brunklüten

Wie sie heute noch im Land Hadeln gebacken werden

Zutaten (für vier Personen):

3 Eier
400 ml Milch
1 Würfel Hefe oder 2 Tüten Trockenhefe
1 unbehandelte Zitrone
125 g Zucker
500 g Mehl
200 g Rosinen
Prise Salz
Prise Kardamom
Puderzucker oder Zimt-Zucker zum Bestreuen
Butter

Zubereitung:

Die Eier zusammen mit dem Zucker schaumig schlagen und mit dem Mehl und einer Prise Salz verrühren. Die Hefe in lauwarmer, nicht zu heißer Milch auflösen und unter den Teig rühren. Die Schale von der Zitrone abreiben, etwas von dem Saft auspressen, alles zusammen mit den Rosinen und dem Kardamom unter den Teig heben und das Ganze an einem warmen Ort abgedeckt eine gute halbe Stunde ziehen lassen.

Den Teig noch einmal ordentlich durchkneten und wieder gehen lassen, bis er sich luftig

und locker aufgebläht hat. Die Förtchenpfanne erhitzen und die Vertiefungen buttern. In jede Vertiefung einen Esslöffel Teig geben.
Bei kleiner Hitze ausbacken und mit einer Gabel wenden. Backen, bis beide Seiten goldbraun sind. Dann die Förtchen in Zucker wenden und sofort warm servieren.

Wenigstens zwei bis drei Wochen sollte der Klaben in Alufolie verpackt kühl lagern, dann kann er angeschnitten und mit Butter serviert werden.

Das Original

Schwer, voller bunter Zutaten und ganz und gar aus Bremen. Der Klaben ist ein urbremischer Stollen, der schon seit dem 16. Jahrhundert gebacken wird und vor drei Jahren sogar von der Europäischen Union geschützt worden ist. Er darf nur von Bäckern aus Bremen und dem Umland gebacken werden.

Schon an den reichen Zutaten kann man erkennen, dass die Bremer Kaufleute einen regen Handel mit den Ländern Südeuropas betrieben haben müssen. Bremen, das der Hanse angehörte, schickte seine Koggen weit herum. Sie bereisten Nord- und Ostsee aber auch das gesamte Mittelmeer. Wenn sie am Ende des Sommers

Die Hansekoggen kamen im Herbst mit den Zutaten die Weser hinauf gesegelt

die Weser herauf segelten, brachten sie neben der normalen Handelsware des Mittelalters, Schafswolle aus England, Klippfisch aus Norwegen oder Pelze, Bernstein und Wachs aus dem russischen Nowgorod natürlich auch aromatische Gewürze und kandierte Früchte mit, die ihnen von den Bäckern der Stadt gerne abgenommen wurden. So ist es kein Wunder, dass in den Bremer Archiven Dokumente zu finden sind, die schon im Jahre 1593 von den „Klavenbeckern" berichten. Mitte November geht es los, dann werden die Klaben gebacken, die heute selbst ins Ausland exportiert werden. Der feste Stollen ist reich gefüllt mit Sultaninen, Zitronat, Orangeat und Mandeln. Seinen besonderen Geschmack erhält er durch einen Schuss Rum und eine Prise Kardamom. Er wird in großen Mengen gebacken, denn der feste Stollen lässt sich bei entsprechender Lagerung bis Ostern aufbewahren. Im Unterschied zum

Im Gegensatz zum Dresdener Stollen wird auf zusätzliche Butter verzichtet

bekannten Dresdener Stollen wird der Klaben nach dem Backen nicht mehr mit Butter und Zucker eingepinselt. Die sind aber auch gar nicht nötig, denn der Klaben ist so voller Zutaten und so saftig, dass sich auf zusätzliche Butter gut verzichten lässt. Gegessen wird der Klaben zu jeder Tageszeit. Dann gerne dick mit Butter bestrichen und einer Scheibe Schwarzbrot obenauf, manchmal sogar mit Mettwurst belegt. Der Klabenanschnitt wird in Bremen richtig gefeiert. Seit Jahren wird der erste Klaben am Tag nach Buß- und Bettag auf dem Bremer Marktplatz für einen guten Zweck verkauft.

Bremer Klaben

Wie ihn die Bremer Bäcker zubereiten

Zutaten (für 2 Klaben):
1 kg Mehl
2 Würfel oder 2 Tüten Hefe
100 g Zucker
300 ml Milch
500 g Butter
1 Vanilleschote
2 TL Salz
2 TL Kardamom
700 g Rosinen
50 g Zitronat
50 g Orangeat
1 Zitrone
ein Schuss Rum

Zubereitung:
Für den Vorteig etwas Mehl in eine Schüssel geben, in die Mitte eine kleine Vertiefung graben und die Hefe hineinbröckeln. Die Milch mit zwei Esslöffeln Zucker leicht erwärmen und in die Vertiefung geben. Alles mit dem Rührgerät mit Knethaken kräftig verrühren und dann an einem warmen Ort zugedeckt stehen lassen. Währenddessen die Butter schmelzen und mit dem Salz, dem Kardamom und dem Inhalt der Vanilleschote vermischen. Die Rosinen in einem Sieb heiß abwaschen und das Wasser ordentlich abtropfen lassen. Die Zitrone reiben und den Saft auspressen. Das restliche Mehl in eine große Rührschüssel geben und den aufgegangenen Vorteig hinzufügen, ebenfalls die Butter. Alles zu einem geschmeidigen Teig verkneten und langsam alle weiteren Zutaten einarbeiten. Dann den Teig eine knappe Stunde an einem warmen Ort ruhen las-

sen, bis sich sein Volumen verdoppelt hat. Jetzt alles noch einmal kräftig durchkneten und den Teig teilen. Beide Hälften zu einer Rolle formen und auf ein gut gefettetes Backblech legen. Eine Manschette aus aufgerollter Alufolie hilft dem Teig, seine Form zu halten. Noch einmal eine halbe Stunde ruhen lassen. Den Backofen auf 180 Grad Ober- und Unterhitze vorheizen. Die beiden Klaben sollten nach einer guten Stunde Backzeit fertig sein. Das lässt sich mit einem hineingesteckten Holzstäbchen prüfen. Bleibt daran kein Teig mehr kleben, ist der Klaben durchgebacken. Beim Backen reißt er auf der Oberseite auf und erhält so seine charakteristische Form.

Die schnelle Torte von der Küste. Friesentorte ist unaufwendig und läßt sich noch kurz vor der Kaffeetafel herstellen.

Foto: LAND&MEER

Sylter Pai

Mal als Streifen, mal rund als Torte, die leckere Mischung aus Blätterteig, Pflaumenmus und ordentlich Sahne ist schnell zubereitet, verzückt jeden Gast am Kaffeetisch und weckt Erinnerungen an den Sommerurlaub auf den Inseln.

Es ist wohl nicht übertrieben zu behaupten, dass so ziemlich jedes Café an der Küste Friesentorte anbietet. Kommt man allerdings nach Nordfriesland und auf die Inseln kann auf der Karte auch „Pai" stehen, oder „Friesenpai", was letztlich auch nichts anderes ist als Friesentorte. Die Mischung ist so einfach wie genial. Dickes, schwarzes und süßes Pflaumenmus auf einem Blätterteig-Boden – manche nehmen auch Mürbeteig – eine wirklich dicke Schicht Sahne oben drauf und als Deckel wieder eine Schicht Teig. Etwas Hagelzucker darüber und fertig ist die Friesentorte. Die Zubereitung von Friesentorte ist entweder einfach oder ganz einfach, das hängt davon ab, ob es im Supermarkt schon fertig gebackenen Boden für die

Blätterteig, Pflaumenmus und Schlagsahne – fertig ist die Friesentorte

Friesentorte gibt. Wenn ja, dann sind Boden, der mit Zucker versüßte Deckel und sogar kleine Halbmonde aus Blätterteig zur Verzierung dabei. Dann muss man nur noch ein Regal weiter Pflaumenmus besorgen und Sahne. Alternativ gibt es überall tief gefrorenen Blätterteig, der sich halb angetaut einfach ausrollen und um eine Springform herum ausschneiden lässt.

Weil die Torte unbedingt eine große Menge Sahne benötigt, könnte es helfen, beim Sahne

Etwas Sahnesteif unter der Schlagsahne hilft der Friesentorte ihre Haltung zu bewahren

schlagen etwas Sahnesteif oder Gelatine hinzuzufügen, um die Torte stabiler zu machen. Kommt der Boden aus der Packung, ist Friesentorte genau das Richtige, um Überraschungsgäste zu überraschen, denn die Herstellung dauert so lange wie das Sahneschlagen. Muss der Boden gebacken werden, sollte man ihn, bevor er in den Ofen kommt, mit einer Gabel perforieren, damit er sich nicht so stark aufbläht. Ist er abgekühlt, wird geschichtet, erst das Plaumenmus, dann reichlich Sahne.

Friesentorte

Die schnelle Torte der Küste

Zutaten (für eine Torte):

2 Pakete Tiefkühl-Blätterteig
2 Eier
1 Glas Pflaumenmus
500 ml Sahne
1 Packung Sahnesteif
2 Päckchen Vanillezucker

Zubereitung:

Den Blätterteig etwas antauen, so dass er sich ausrollen lässt. Die beiden Streifen übereinanderlegen und so großflächig ausrollen, dass eine Springform als Schablone darauf passt. Den Teig mit etwa einem Zentimeter Abstand zum Formrand kreisförmig ausschneiden. Da sich der gebackene Teig mit der vielen Sahne nur schwer schneiden lässt, schon jetzt beide Teigplatten in Portionstücke aufschneiden. Aus den Teigresten vom Ausschneiden kleine Halbmonde ausstechen. Beide Böden wieder zusammensetzen, mit den Halbmonden auf mit Backpapier ausgelegte Backbleche legen und dicht an dicht mit einer Gabel einstechen. Die Eier trennen und den Teig mit Eigelb einpinseln. Alles ungefähr eine halbe Stunde ruhen lassen. Dann in den laut Packungsangabe vorgeheizten Backofen schieben und goldbraun backen. Derweil die Sahne unter Zugabe von etwas Sahnesteif und dem Vanillezucker extra steif schlagen. Wenn die Böden abgekühlt sind, den unteren Boden in eine Springform legen und mit einer dicken Schicht Pflaumenmus bestreichen. Anschließend die Sahne darüber verteilen. Die Springform gibt ihr sicheren Halt. Den Teigdeckel zuoberst legen. Mit einer Spritztüte pro Tortenstück ein Sahnehäubchen auf den Deckel pressen und die Halbmonde hineinstecken.

Servieren:

Da die Tortenstücke schon portionsgerecht geteilt sind, reicht ein einfaches Messer oder ein Tortenheber, um die Stücke auf die Teller zu verteilen ohne dabei die Torte zu zerstören.

Küstennebel passt zu allen norddeutschen Gerichten, von der Aalsuppe bis zum Zander

Genuss mit Sternanis

Überall, wo in unserer Region gut und deftig gegessen wird, da darf der Verteiler nicht fehlen. Neben den üblichen klaren Bränden ist Küstennebel ein ganz besonderer Verteiler, denn sein Geschmack bestimmender Anteil an Sternanis gilt als ganz besonders förderlich für die Verdauung.

Zugegeben, der „Echte Sternanis" ist keine wirklich nordische Pflanze. Vielmehr handelt es sich hier um einen immergrünen Baum, der in tropischen Gebieten wächst und dabei bis zu 20 Meter hoch werden kann. Sein besonderes Aroma ist anhaltend süß und lakritzeartig, aber auch ein wenig pfeffrig und säuerlich - und sehr gesund. In der Medizin verwendet

Küstennebel - ein ganz besonderes Geschmackserlebnis dank Sternanis

man Sternanis um die Verdauung anzuregen, weshalb man ihn in vielen Gesundheitstees finden kann.

Die kleine rötlich-braune Frucht, aus der das Aroma gewonnen wird, ist etwa 3,5 cm groß und besteht aus acht oder neun verholzenden Balgfrüchten, die, wie der Name vermuten lässt, sternförmig angeordnet sind. Dem Küstennebel aus dem Hause Behn gibt der

Sternanis seine aromatische Note; nicht zuletzt dieser unverwechselbare Geschmack hat den Klassiker aus Eckernförde zu einem guten Teil norddeutscher Trinkkultur gemacht. Empfohlen wird der Likör einerseits als Aperitif, der den Appetit anregt und der hilft, die Wartezeit auf das leckere Menü zu verkürzen, andererseits als kleiner Verteiler „achter ran", wenn man nach der Mahlzeit noch gemütlich beisammen sitzt. Wer nach dem richtigen Gericht für den Küstennebel sucht, der kann

Ob Aperitif oder als Verteiler „achter ran" Küstennebel gehört zur Küste wie Wind und Wellen

sich entspannt zurücklehnen. Küstennebel wird bei uns zu allen norddeutschen Gerichten getrunken, von Aalsuppe über Labskaus bis Zander.

Kühl, aber nicht eisig sollte der Küstennebel in die Gläser kommen, so dass er sein kräftiges Anisaroma gut entfalten kann. Auf der Zunge entwickelt er dann einen intensiven süßlich lakritzigen Geschmack, der ihn zum Kultgetränk der Küste gemacht hat.

Versuchen Sie es einfach mal – Prost

Krabben im Küstennebel

Zutaten
(für vier Personen):
400 g Krabbenfleisch
200 g Suppengemüse
0,2 l Sahne
4 EL Crème fraiche
0,15 l Weißwein
6–8 cl Küstennebel
2–4 TL Fleischextrakt
Salz, Pfeffer

Zubereitung:
Krabben kurz in heißem Öl anbraten und herausnehmen. Kleingewürfeltes Suppengemüse im Öl glasig werden lassen. Durch ein Sieb das Öl abgießen. Die Pfanne dann mit dem Weißwein und dem Küstennebel ablöschen, zum Kochen bringen und einkochen. Sahne, Crème fraiche und Fleischextrakt hinzugeben, sowie das Gemüse. Wieder reduzieren. Ist die gewünschte Konsistenz

erreicht, die Krabben darin kurz warmziehen und servieren. Feingeschnittenes Grün der Lauchzwiebeln darüber streuen.

Matjes & Mehr

Zutaten
(für vier Personen):
8 Salzheringe
⅛ l Weinessig
⅛ l saure Sahne
1 EL Zucker
4 cl Küstennebel
1 Apfel
3 Lorbeerblätter
8 Pfefferkörner schwarz
8 Pimentkörner
2 Chilischoten
3 Zwiebeln
2 Gewürzgurken

Heringe säubern und mindestens 2 Stunden wässern.

Dann von der Haut befreien und in drei Teile schneiden. Essig, saure Sahne und Zucker verrühren. Küstennebel dazugeben. Apfel schälen, reiben und mit den Lorbeerblättern, Pfeffer- und Pimentkörner und Chilischoten in die Marinade geben. Zwiebeln schälen und mit den in Streifen geschnittenen Gewürzgurken ebenfalls unter die Marinade mischen. Heringsstücke in ein geschlossenes Gefäß mit der Marinade schichten. Gefäß gut verschließen und mind. 24 Std. ziehen lassen.

Die Störtebeker Braumanufaktur erhielt auf der Grünen Woche für ihre Biere allein neunmal Gold und einmal Silber. Selbst die Verpackung ist preisgekrönt.

Die Qual der Wahl

Spitzenqualität nach hanseatischer Brautradition möchte die Störtebeker Braumanufaktur aus Stralsund in die Gläser bringen. Zwölf Brauspezialitäten hat das Unternehmen im Angebot, und keines ist vergleichbar mit den Mainstream-Bieren der großen Brauereien. Alle passen perfekt zu unserer Küche.

Hervorgegangen ist die Braumanufaktur aus der ehemaligen Stralsunder Vereinsbrauerei, die zwar die schweren Bombenangriffe des Zweiten Weltkriegs überstanden hatte, deren Brauanlagen, dann aber im Rahmen von Reparationsleistungen nach Osten abgeliefert werden mussten. In den letzten Jahren entschied man sich ganz bewusst für einen neuen Weg in der Braukunst. Nachdem die großen Biermarken ihren ehemals eigenständigen Geschmack immer mehr der Marktforschung und Geschmacksoptimierung geopfert hatten, wollte man regionale und eigenständige Biere brauen, die perfekt zu den norddeutschen Menschen passen. Dieser Weg wurde international ausgezeichnet mit einem Weltmeister- und mehreren Europameistertiteln. Zwölf Brauspezialitäten entstehen zur Zeit in den Braukesseln der Manufaktur. Biere mit so klangvollen Namen wie

Das Bier ist so unverwechselbar wie die Menschen in Norddeutschland

Atlantik-Ale, Hanse Porter oder Bernstein Weizen. Die Spitzenqualität aus Stralsund hat auch schon die regionalen Spitzenköche erreicht. So schenkt Tim Mälzers „Bullerei" in Hamburg schon seit längerem Biere aus Stralsund in die Gläser. Weil man sich ganz bewusst von den Supermarkt-Bieren abheben möchte, veranstaltet die Manufaktur regelmäßig Führungen durch die Brauerei und bietet Seminare und Bier-Sommelierabende im eigenen Braugasthaus an, um die Bierfreunde mit den Besonderheiten der eigenen Produkte vertraut zu machen. Gut abgestimmt auf die norddeutsche Sommerküche liefert die Braumanufaktur das Atlantik-Ale, stürmisch- frischherb, ein naturbelassenes, helles, obergäriges Ale. Durch die kalte Hopfung erhält es eine Duftnote von Zitronen und Grapefruit. Mit einer Stammwürze von 11,4 Prozent hat es auch einiges an Alkohol zu bieten. Die Köche der Region empfehlen das Eier als Aperitif oder zu Fisch und Meeresfrüchten.

Wer zuhause einmal das Angebot der Braumanufaktur verkosten möchte, bestellt am besten eine Entdecker-Kiste, die von allen Sorten jeweils zwei Flaschen zum Probieren enthält. Für eine fachgerechte Verkostung zuhause gibt es eine Online Anleitung auf der Website der Manufaktur:

www.stoertebeker.com

Wer im Urlaub nach Stralsund reist, sollte den Besuch der Brauerei einplanen.

Störtebeker Braumanufaktur GmbH
Greifswalder Chaussee 84-85
18439 Stralsund

Für den Sommelierabend oder eine Brauereiführung melden Sie sich bitte unter der Telefonnummer **03831/2550** an oder auch gern online per E-Mail unter:

info@stoertebeker.com

Brauspezialität		Wozu	Hintergrund
Atlantik-Ale		Aperitif, Meeresfrüchte, frischer Fisch.	Trocken, Herb mit Zitrusnoten des Hopfens ein idealer Begleiter zu aromatischen Fischgerichten
Bernstein-Weizen		Salate, frisches Geflügel, Nudelgerichte.	Das fruchtige Weizenbier mit dem Duft nach reifen Bananen passt gut zu den frischen Sommergerichten
Roggen-Weizen		würziger Hartkäse, Desserts, Holzofenbrot, Braten.	Die warmen und weichen Aromen nach Vanille, Banane aber auch brotigen Aromen des Roggens begleiten würzige Käse und Braten.
Hanse-Porter		Desserts, Gebäck, Kuchen, Wildgerichte.	Die süßen Caramel- und Malzaromen machen es zu einem guten Dessertbier und einem guten Begleiter für kalte Winterabende.
Keller-Bier 1402		helles Fleisch, Fisch und frische Gemüseküche.	Das frische, blumige unfiltrierte Kellerbier begleitet Spargelgerichte und die sommerliche Gemüseküche hervorragend.
Schwarz-Bier		Muscheln, Räucherfisch, geräucherte Wurstwaren.	Die weichen Röstaromen begleiten Geräuchertes hervorragend und sind eine gute Kombination mit Muscheln.
Stark-Bier		Braten, Wildgerichte, Schokoladendesserts.	Das weich-wärmende Stark-Bier mit den kräftigen Malz- und Röstaromen ist ideal zu Wild und Braten. Mit Schokolade ein Erlebnis.

Register

A
Aal grün   26
Altländer Hochzeitssuppe   42
Apfelpfannkuchen   74

B
Barmbeker Bickbeerkaltschale   88
Birnen, Bohnen und Speck   56
Birnenteig   80
Bremer Klaben   108
Buchweizengrütze   20
Buttermilchsuppe mit Mettwurst   10

D
Dithmarscher Mehlbeutel   78

E
Erdbeer-Rhabarbergrütze   90

F
Fliederbeersuppe   84
Förtchen/Futjes/Brunklüten   106
Friesentorte   110

G
Gans auf Senatorenart   72
Glückstädter Matjes mit Erdbeersahne   30
Graue Erbsen   68
Graupen mit Backpflaumen   76
Grünkohl auf holsteinische Art   62
Grützwurst mit Apfelmus   58

H
Hamburger Aalsuppe   44
Hamburger Pannfisch   28
Hamburger Rundstück warm   52
Hamburger Stubenküken   70
Heiße Pellkartoffeln auf Schwarzbrot   22
Helgoländer Knieper   36

K
Knipp   60
Kräftige Hühnersuppe   16

L
Labskaus   12
Lammbouillon mit Sherry   18
Lammkeule vom Salzwiesenlamm   46

M
Maischolle Finkenwerder Art   32
Mecklenburger Rippenbraten   48
Miesmuscheln im Weißweinsud   40

N
Nordseekrabben mit Rührei   38

O
Ostfriesentee   102

P
Pellkartoffeln mit Stipp   54
Pharisäer und Eiergrog   98
Punsch   100

R
Roter Heringssalat   14
Rübenmalheur   64

S
Sauerfleisch auf holsteinische Art   50
Schwarzsauer   66
Stint, gebraten   34

V
Verschleiertes Bauernmädchen   92
Verteiler   96

W
Weinsuppe mit Eierschneeflöckchen   86